Behinderung der Betriebsrats-Arbeit
So ersticken Sie Störungen im Keim

Impressum

Behinderung der Betriebsrats-Arbeit
So ersticken Sie Störungen im Keim

Herausgeber: Dilan Wartenberg, Bonn
Redaktion: Friederike Becker-Lerchner

Satz: ce redaktionsbüro, Heinsberg
Umschlagmotiv: © Nuthawut / AdobeStock
Druck: Druckmüller GmbH, Roth / Westerwald

ISBN: 978-3-8125-2787-3

© 2020, TKMmed!a, ein Unternehmensbereich der
VNR Verlag für die Deutsche Wirtschaft AG,
Theodor-Heuss-Str. 2–4, 53095 Bonn
Handelsregister: HRB 8165
Registergericht: Amtsgericht Bonn
Vorstand: Richard Rentrop
Tel. 0228 / 9550150
Fax 0228 / 3696480

E-Mail: mitbestimmung@vnr.de
Internet: tkm-media.de

Betriebsratsmobbing durch den Arbeitgeber? Wehren Sie sich!

Vorwort

In vielen Unternehmen ist das Betriebsklima zurzeit angespannt. Das hat unterschiedliche Gründe.

Viele Arbeitnehmende fürchten aufgrund der Corona-Pandemie um ihren Job. Andere wissen oder meinen zu wissen, dass sie sich wegen der weiterhin guten Auftragslage eigentlich nicht um ihren Arbeitsplatz sorgen müssen – haben aber festgestellt, dass ihr Arbeitgeber Umstrukturierungen vornimmt. Deren Notwendigkeit begründen die meisten Geschäftsführungen mit der Corona-Pandemie, zu erwartenden Auftragsausfällen und der Notwendigkeit der Kosteneinsparung.

Gerade in solchen Unternehmen ist das Verhältnis zwischen Arbeitgeber und Betriebsrat dann auch oft schlecht. Die Mitglieder der Arbeitnehmervertretung fühlen sich oft von der Geschäftsführung ignoriert oder gegängelt. Wann immer sie ihre Mitbestimmungsrechte durchsetzen wollen, würden sie behindert, hört man aus den Reihen der Betriebsräte. Dabei sind Ihre Mitbestimmungsrechte gesetzlich verbrieft und im Betriebsverfassungsgesetz (BetrVG) niedergelegt.

Vorwort

Die Praxis zeigt allerdings, dass sich die Arbeitgeberseite vieles einfallen lässt, um Arbeitnehmervertretungen – also Sie und Ihre Mitstreiter – unter Druck zu setzen. Das fängt damit an, dass einige Arbeitgeber schon die Gründung eines Betriebsrats verhindern wollen und bei existierendem Betriebsrat – wohlgemerkt: gesetzeswidrig – versuchen, Betriebsratswahlen zu unterbinden. In bestehenden Arbeitsverhältnissen erleben viele Betriebsräte ständig Repressalien oder ihre Anliegen werden nicht ernst genommen. Und zwar selbst dann, wenn sie lediglich die ihnen zustehenden Rechte einfordern und sich einfach nur um ein vernünftiges Miteinander bemühen. Immer wieder kommt es vor, dass Konflikte zwischen Arbeitgebern und Arbeitnehmervertretern in Kündigungen und Kündigungsschutzprozessen enden.

Ich möchte Ihnen mit diesem Buch einen Einblick verschaffen, mit welchen Mitteln Arbeitgeber Betriebsräte gängeln, und einen Leitfaden an die Hand geben, wie Sie sich in schwierigen Situationen, beispielsweise bei einer Wahlbehinderung oder sogar einer außerordentlichen Kündigung, am besten wehren können. Zudem erfahren Sie, wie Sie sich präventiv so verhalten, dass es erst gar nicht so weit kommt. Und zwar ohne dabei auf Ihre gesetzlich manifestierten Beteiligungsrechte zu verzichten.

Klar ist schon jetzt: Die Herausforderung für die betroffenen Gremien wird sein, in den kommenden Jahren eine sinnvolle Antwort auf die willkürlichen und gesetzeswidrigen Maßnahmen ihrer Arbeitgeber zu finden.

Ihre

Friederike Becker-Lerchner

Inhalt

Vorwort 3

I	Wappnen Sie sich gegen die systematische Behinderung der Betriebsratsgründung 11

1. Wird bei Ihnen schon die Gründung des Betriebsrats zum Problem? 11
2. Auslöser für die Betriebsratsgründung 12
3. Pro und Kontra einer Betriebsratsgründung 15
4. Diese drei Gründungsphasen müssen Sie kennen 17

II	Lassen Sie keine Wahlbehinderung zu 19

1. Behinderung der Betriebsratswahl nicht erlaubt. 19
2. Besonders schwere Form der Wahlbehinderung. 21
3. Auch Wahlbewerber genießen Kündigungsschutz. 22
4. Diese Folgen einer unzulässigen Wahlbehinderung sollten Sie kennen 22
5. Das darf Ihr Arbeitgeber 23

III	Wie Ihre Betriebsratsarbeit behindert werden kann 25

1. Weite Auslegung der Begriffe „Störung" und „Behinderung" 25
2. Sie dürfen weder benachteiligt noch begünstigt werden. 27
3. So können Sie gegen Verstöße vorgehen 28
4. Von der Diplomatie zum Strafverfahren. 29

IV	Mit diesen Mitteln schikanieren Arbeitgeber Betriebsräte gezielt 32

1. Vertrauensvolle Zusammenarbeit? Keine Spur! 32
2. Der Zusammenhalt zwischen Ihnen und der Belegschaft wird bewusst geschwächt . . 37
3. Ihre Mitbestimmungsrechte werden ignoriert. 38
4. Die Arbeitgeberseite arbeitet aktiv an Ihrem Rücktritt. 39
5. Ihren Betriebsratsmitgliedern wird ein neuer oder besser dotierter Job angeboten . . . 40
6. Gesucht: Kündigungsgründe 41
7. Der Arbeitgeber strukturiert das Unternehmen um 44

Inhalt

V.	Mobbing? Wehren Sie sich – aber richtig!	46
1.	Eine einmalige Beleidigung ist noch kein Mobbing	46
2.	Vorbeugen ist besser als heilen	49
3.	Die Betriebsvereinbarung als Mittel der Prävention	50
4.	Hier lauern Mobbing-Gefahren	50
5.	Wenn sich ein Kollege gemobbt fühlt	52
6.	Bereiten Sie ein gemeinsames Gespräch vor	56
7.	Die Waffen der Gemobbten: Leistungsverweigerungsrecht und Anspruch auf Unterlassung	57
8.	Cybermobbing: So gehen Sie mit den neuen Formen des Mobbings um	58
9.	Lassen Sie sich von Profis unterstützen	60
10.	Vier Tipps für die Aufarbeitung eines Mobbing-Falls	61

VI	Was Sie als Betriebsrat über Union Busting wissen müssen	63
1.	Arbeitgeber wollen freier handeln können	63
2.	Arbeitgeber wollen Betriebsrat zum Aufgeben zwingen	64
3.	Selbstsicheres Auftreten ist das A und O	65
4.	Ihr Arbeitgeber sollte um seinen Ruf fürchten	65
5.	Setzen Sie auf die Vernunft Ihres Arbeitgebers	66
6.	Lassen Sie sich die Kosten erstatten	66

VII	So wehren Sie sich erfolgreich gegen eine Betriebsratskündigung	68
1.	Voraussetzungen des § 103 BetrVG	69
2.	Beispielfall 1: Arbeitgeber verdächtigt Lagerarbeiter des Diebstahls	75
3.	Beispielfall 2: Betriebsrätin verletzt Überwachungspflicht – Kündigung wirksam	77
4.	Beispielfall 3: Betriebsrat wird für die Konkurrenz tätig – Kündigung wirksam	78
5.	Beispielfall 4: Entlastende Indizien sind zu würdigen	79
6.	Wann und wie Sie reagieren müssen	81
7.	Überblick: Geschützter Personenkreis nach § 15 KSchG	81

VIII	Damit überzeugen Sie als Betriebsrat Ihren Arbeitgeber	83
1.	So verhalten Sie sich als Betriebsrat richtig	83
2.	Kooperative Argumentation: Hier lohnt es sich	84
3.	Vertrauen muss erhalten bleiben	86
4.	So reagieren Sie perfekt auf Einwände	87

Inhalt

IX	Schlagfertigkeit – die richtige Antwort zur rechten Zeit	91

1. Trainieren Sie Ihre Schlagfertigkeit 92
2. Fragen stellen sorgt für souveränen Auftritt 94

X	Ihre Kommunikation mit dem Arbeitgeber	95

1. Überzeugungsarbeit leisten 95
2. Fünf Tipps, damit Ihre Kommunikation ab sofort besser klappt 96

XI	Konfliktmanagement	99

1. So erkennen Sie Konflikte 99
2. Der richtige Umgang mit Konflikten... 100
3. Schritt-für-Schritt-Anleitung für Ihr Vorgehen im Konfliktfall 104
4. Bereiten Sie Konfliktgespräche immer vor.................................... 106
5. Selbsttest: Sind Sie ernsthaft an einer Konfliktlösung interessiert? 107

XII	Ihre Öffentlichkeitsarbeit ist der Schlüssel zum Erfolg	109

1. Gute Öffentlichkeitsarbeit ist immer sinnvoll 109
2. Informieren Sie im Gespräch und bei Betriebsversammlungen 110
3. Nutzen Sie verschiedene Kanäle 111
4. Informieren Sie auch Außenstehende 112
5. Die Kosten trägt Ihr Arbeitgeber 114

XIII	Selbstmarketing: Zeigen Sie, wofür Sie stehen!	115

1. Ein gesundes Maß an Selbstbewusstsein ist wichtig für Sie 115
2. Pflegen Sie wertschätzenden, respektvollen Umgang 116
3. Kommunikation ist Ihre Schlüsselqualifikation 116
4. Sorgen Sie dafür, dass man positiv über Sie spricht 117

XIV	Die wichtigsten Soft Skills bei Ihrer Arbeit als Betriebsrat	118

1. Was Ihr Arbeitgeber von Ihnen und Ihren Kollegen grundsätzlich erwartet 118
2. Kommunikative Kompetenz 119
3. Selbstbewusstsein und Selbstbeherrschung.................................. 120
4. Empathie kann verbessert werden 121
5. Ohne Teamfähigkeit geht es nicht 122
6. Sachliche Kritik konstruktiv annehmen 122
7. Analytische Kompetenz 123
8. Vertrauen 123

Inhalt

XV Erfolgreich im Amt: Diese Eigenschaften machen Sie zu einem guten Betriebsrat . 124
1. Ihre Leitsterne sind visionäre Ziele 124
2. Übernehmen Sie Verantwortung 125
3. Kommunizieren Sie souverän 125
4. Hören Sie gut zu. 125
5. Seien Sie fair 126
6. Selbsttest: Sind Sie ein guter Betriebsrat? 127

XVI Fazit 128

I Wappnen Sie sich gegen die systematische Behinderung der Betriebsratsgründung

Betriebsräte sind die Stützpfeiler der Mitbestimmung. Sie nehmen mithilfe ihrer Rechte Einfluss auf Entscheidungen des Arbeitgebers und bringen mehr Gerechtigkeit in die Betriebe, indem sie die Belange der Arbeitnehmerseite vertreten. Das betrifft Ihre Beteiligung in allen Entscheidungen, die den Arbeits- und Gesundheitsschutz betreffen, aber auch die betriebliche Ordnung sowie immer häufiger betriebsbedingte Kündigungen.

1. Wird bei Ihnen schon die Gründung eines Betriebsrats zum Problem?

Dennoch gibt es immer noch in sehr vielen Unternehmen keinen Betriebsrat. Das liegt nicht nur an der Größe der Firmen, sondern hat auch andere Ursachen:

- Viele Arbeitgeber bemühen sich aktiv, Betriebsratsgründungen zu verhindern. Das ist gesetzeswidrig, denn dabei handelt es sich um eine Behinderung der Betriebsratswahl.

- Viele Arbeitnehmer scheuen den Konflikt mit den Arbeitgebern. Schließlich birgt jede Betriebsratsgründung Potenzial für Auseinandersetzungen zwischen Arbeitnehmer- und Arbeitgeberseite.

Die systematische Behinderung der Betriebsratsgründung

- Arbeitnehmern wird vermittelt, dass die gesetzlich verbriefte Mitbestimmung letztlich für alle Nachteile mit sich brächte und man auf diese herkömmlichen Beteiligungsrechte in einem modernen Unternehmen gut verzichten könne. Schließlich seien die Hierarchien flach und jeder Mitarbeiter könne jederzeit auf Missstände hinweisen, Forderungen stellen und Verbesserungsvorschläge machen.

In der Praxis zeigt sich dann meist relativ schnell das eigentliche Ziel solcher Arbeitgeber, nämlich weiterhin flexibel und renditeoptimiert agieren zu können. Dass Arbeitnehmer sich in Prozesse einbringen, um ihre und die Rechte ihrer Kollegen zu stärken, ist bei vielen Arbeitgebern schnell unerwünscht.

2. Auslöser für die Betriebsratsgründung

Gibt es in Ihrem Betrieb bis dato noch keinen Betriebsrat und sind Sie an einer Gründung interessiert, lassen Sie sich nicht von der Aussicht auf Auseinandersetzungen mit Ihrem Arbeitgeber abhalten. Versuchen Sie stattdessen lieber, herauszufinden, warum Ihr Arbeitgeber Widerstand leistet. Analysieren Sie die Situation, finden Sie Gründe, die die Bedenken der Arbeitgeberseite zerstreuen können und Ihr Vorhaben unterstützen, und setzen Sie sich dafür ein, gegenseitiges Vertrauen aufzubauen.

Bei den folgenden Beispielen handelt es sich um einige der typischen Situationen im Unternehmensalltag, die Auslöser für die Wahl einer Interessenvertretung sind. Ziel ist immer, durch eine starke Arbeitnehmervertretung einen Ausgleich der Kräfte im Betrieb zu schaffen.

Meinungsverschiedenheiten mit der Geschäftsführung

Gerade in Krisenzeiten wird Ihre Geschäftsleitung alles tun, um die Renditeerwartungen zu erreichen bzw. Verluste abzuwenden. Das ist in

Auslöser für die Betriebsratsgründung

der Regel mit Einschnitten verbunden, die dann überwiegend von den Mitarbeitern zu tragen sind. Die Gründung eines Betriebsrats ist dann oft mit der Hoffnung verknüpft, die erwarteten Nachteile zumindest minimieren zu können.

Konfliktpotenzial bieten auch Gehaltsverhandlungen, der Einsatz für bessere Arbeitsbedingungen oder gerechtere Verhältnisse.

Um- und Restrukturierungen

Um- und Restrukturierungen lassen die Beschäftigten um ihren Arbeitsplatz fürchten, da meist eine „Verschlankung" des Unternehmens das Ziel ist. Wenn schon einige Kollegen wegen einer Restrukturierung ihren Arbeitsplatz verloren haben, wollen die übrigen von den Arbeitgebermaßnahmen Betroffenen bei den Sozialplänen mitreden können und sich etwa für angemessene Abfindungen oder für vernünftige Regelungen zum vorzeitigen Ruhestand einsetzen.

Übernahme durch einen neuen Arbeitgeber

Wird ein Unternehmen von einem anderen aufgekauft oder fusionieren zwei Firmen, führt dies oft zu Umstrukturierungen, aber auch zu einem neuen Umgangston im Betrieb und Änderungen einiger Arbeitsbedingungen. Zwar ist ein Arbeitgeber nach einem Kauf verpflichtet, alle Arbeitsverhältnisse zu übernehmen und wegen der Übernahme z. B. die Arbeitsverträge nicht zu ändern, doch Rahmenbedingungen wie Führungsstil oder Betriebsklima können sich empfindlich und zum Nachteil der Mitarbeiter ändern. Dann liegt die Überlegung nahe, einen Betriebsrat zu gründen.

Mangelnde Kommunikation

Firmen, die sehr schnell wachsen, haben oft ein Kommunikationsproblem. Was früher unter wenigen Beschäftigten informell in der Kaffeepause oder beim Gespräch auf dem Flur ausgetauscht wurde,

Die systematische Behinderung der Betriebsratsgründung

muss jetzt formell von der Geschäftsleitung oder den Führungskräften mitgeteilt werden. Manchmal fehlt dafür schlichtweg die Zeit, manchmal sind die offiziellen Kanäle dafür einfach noch nicht eingespielt.

Zudem ist mit einer Expansion fast immer die Schaffung neuer Abteilungen und Abläufe verbunden. Die Beschäftigten arbeiten plötzlich in anderen Konstellationen und zum Teil auch anderen Systemen zusammen. Dadurch werden manche Arbeitsabläufe und Zuständigkeiten unklar, die Kommunikation leidet darunter. Mit der Unsicherheit wächst der Wunsch nach einer Arbeitnehmervertretung, die sich für die Anliegen der Mitarbeiter einsetzt.

Checkliste: Wann Sie über die Gründung eines Betriebsrats nachdenken sollten	
Prüfpunkte	**Check**
Ständige, sich wiederholende Meinungsverschiedenheiten mit der Unternehmensleitung	❏
Akute, erhebliche Um- bzw. Restrukturierungen	❏
Übernahme durch eine neue Geschäftsführung	❏
Mangelnde Kommunikation, ausgelöst durch eine schnelle Expansion oder massive Umstrukturierungen	❏

Bejahen Sie einen der Punkte, sollten Sie noch einmal genauer über die Gründung eines Betriebsrats nachdenken.

💡 TIPP: Bauen Sie Vertrauen auf!

Gibt es in Ihrem Betrieb bis dato noch keinen Betriebsrat und sind Sie an einer Gründung interessiert, lassen Sie sich nicht von der Aussicht auf Auseinandersetzungen mit Ihrem Arbeitgeber abhalten. Versuchen Sie stattdessen lieber, herauszufinden, warum Ihr Arbeitgeber Widerstand leistet. Analysieren Sie die Situation, finden Sie Gründe, die die Bedenken der Arbeitgeberseite zerstreuen können und Ihr Vorhaben unterstützen, und setzen Sie sich dafür ein, gegenseitiges Vertrauen aufzubauen.

3. Pro und Kontra einer Betriebsratsgründung

Bevor Sie sich endgültig entscheiden, einen Betriebsrat zu gründen, und die ersten Schritte einleiten, wägen Sie unbedingt die Vor- und Nachteile in Ihrem Einzelfall ab:

- Sie müssen sich sicher sein, dass die Gründung sinnvoll ist und sich genug Mitstreiter finden.

- Die Gründungsphase setzt ein hohes zeitliches Engagement Ihrerseits voraus. Dazu müssen Sie bereit sein.

- Schon die Idee, einen Betriebsrat zu gründen, kann Ihren Arbeitgeber dazu veranlassen, Konsequenzen zu ziehen, die zumindest mittelbar negative Auswirkungen auf Ihr Arbeitsverhältnis haben könnten.

- Eine Gründung gelingt unter Umständen nicht – Sie müssen bereit sein, die Konsequenzen zu tragen.

Anhand der folgenden Übersicht können Sie sehen, welche Argumente grundsätzlich für die Gründung eines Betriebsrats bzw. einer Arbeitnehmervertretung sprechen und welche Aspekte in der Abwägung eher für ein Unterlassen sprechen.

Die systematische Behinderung der Betriebsratsgründung

Übersicht: Pro und Kontra Betriebsratsgründung

Für eine Gründung eines Betriebsrats spricht	Gegen die Gründung eines Betriebsrats spricht,
■ die Möglichkeit, eine störende Situation mit gesetzlich festgelegten Instrumenten sachlich zu klären und zu überwinden.	■ dass damit für den Initiierenden ein hoher zeitlicher Aufwand verbunden ist. Sie kostet ihn viel Freizeit.
■ die Möglichkeit, Einfluss zu nehmen und Veränderungen herbeizuführen.	■ dass sich der Initiator unter Umständen vor Kollegen, aber auch vor dem Arbeitgeber für sein Engagement rechtfertigen muss. Schließlich muss man für das Projekt werben. Von dieser Situation geht ein zusätzliches Konfliktrisiko aus.
■ die Chance, umfassende Informationen vom Arbeitgeber gebündelt zu erhalten.	■ dass eine Gründungsinitiative zumindest mittelbar negative Auswirkungen auf das Arbeitsverhältnis haben kann. Auch wenn es nicht den gesetzlichen Vorgaben entspricht, riskieren die Initiatoren, dass sie im Hinblick auf Beförderungen oder auch bei Vereinbarungen benachteiligt werden. Zudem sind auch Benachteiligungen von Kollegen, die die Idee mittragen, nie auszuschließen.
■ die Möglichkeit, mit dem Arbeitgeber auf Augenhöhe zu diskutieren.	■ dass die Wahl zum Betriebsrat die Gefahr birgt, bei der eigenen Karriere den Anschluss zu verlieren – vor allem dann, wenn man längere Zeit von seiner tatsächlichen Tätigkeit freigestellt wird.

Übersicht: Pro und Kontra Betriebsratsgründung	
Für eine Gründung eines Betriebsrats spricht	Gegen die Gründung eines Betriebsrats spricht,
■ die Chance, für mehr Gerechtigkeit für die Arbeitnehmer zu sorgen.	■ dass in kleineren Unternehmen die von der Arbeit nicht vollständig freigestellten Betriebsratsmitglieder regelmäßig ab dem Tag der Wahl durch die Erfüllung beider Aufgaben unter hohem Druck stehen und häufig viele Überstunden ansammeln – zulasten der Freizeit.

Letztlich werden Sie eine Abwägung in Ihrem Einzelfall vornehmen müssen. Wichtig ist dabei, dass Sie hinter der Entscheidung stehen – trotz möglicher negativer Auswirkungen.

4. Diese drei Gründungsphasen müssen Sie kennen

Die Gründung eines Betriebsrats läuft in der Regel in drei Phasen ab, die in ihrer Zeitdauer variieren – je nachdem, welche Ursache die Betriebsratsgründung hatte.

1. Phase: Planung

Hier findet sich eine kleine Gruppe von Arbeitnehmern zusammen, die in Erwägung zieht, einen Betriebsrat zu gründen. Die Kollegen sind der Ansicht, dass sie ihre Rechte und Möglichkeiten im Betrieb verbessern können, wenn sie ein entsprechendes Gremium initiieren. Sie wissen allerdings auch, dass die Gründung eines Betriebsrats bei den meisten Arbeitgebern auf Widerstand trifft. Deshalb tauschen sie sich zunächst nur in einem begrenzten Personenkreis aus.

Die systematische Behinderung der Betriebsratsgründung

2. Phase: Wahlvorbereitungen und Wahl

Von dem Moment, in dem die Initiatoren ihre Idee, einen Betriebsrat zu gründen, öffentlich machen, bis zur tatsächlich stattfindenden Betriebsratswahl dauert Phase zwei. Wollen sie einen Betriebsrat gründen und gehen sie von einem genügend großen Rückhalt in der Belegschaft aus, informieren sie diese über ihr Vorhaben. Sie veranstalten eine Betriebsversammlung und wählen einen Wahlvorstand. Dieser fertigt ein Wahlausschreiben und die Wählerliste und startet die Wahl.

3. Phase: Konstitution

In der Konstitutionsphase nimmt der Betriebsrat seine Arbeit tatsächlich auf. Nun gilt es zu überlegen, welche Themen wie und mit welcher personellen Besetzung aufgegriffen werden sollen.

In dieser Phase stehen Sie unter einem besonderen Erfolgsdruck. Die meisten Belegschaften haben hohe Erwartungen an einen neu gegründeten Betriebsrat und hoffen auf eine Verbesserung ihrer Position. Sie werden also schnelle Erfolge sehen wollen. Hinzu kommt oft der Druck der Geschäftsleitung auf den neu gewählten Betriebsrat. Die meisten Arbeitgeber stemmen sich zunächst gegen Pläne der Belegschaft, einen Betriebsrat zu konstituieren, und erschweren diesem Gremium gerade in der Anfangsphase die Arbeit. Deshalb sollten Sie stets gut informiert sein, insbesondere über die rechtlichen Regelungen.

II Lassen Sie keine Wahlbehinderung zu

Nicht nur die Gründung, auch die Wahl Ihres Gremiums steht unter einem besonderen Schutz. § 20 Abs. 1 BetrVG legt fest, dass niemand die Wahl des Betriebsrats behindern darf. Das Verbot betrifft jeden: Ihren Arbeitgeber, aber auch die Gewerkschaften und ihre Beauftragten, Ihre Kollegen aus der Belegschaft sowie den „noch amtierenden" Betriebsrat.

1. Behinderung der Betriebsratswahl ist nicht erlaubt

§ 20 Abs. 1 BetrVG sorgt für den Schutz auf ganzer Linie: Die Wahl ist in ihrem gesamten Verlauf, von der Bestellung bzw. Wahl des Wahlvorstands bis zum Abschluss des Verfahrens, geschützt. Das schließt auch ein, dass kein Arbeitnehmer in der Ausübung seines aktiven oder passiven Wahlrechts behindert werden darf.

Das kommt aber leider immer wieder vor. Arbeitgeber setzen Arbeitnehmer dabei unmittelbar oder auch mittelbar unter Druck, sich nicht an einer Betriebsratswahl in irgendeiner Form zu beteiligen. Das ist allerdings nicht zulässig: Nach § 20 Abs. 2 BetrVG darf niemand die Wahl des Betriebsrats durch Zufügung oder Androhung von Nachteilen oder durch Gewährung oder Versprechen von Vorteilen beeinflussen. Dieser Schutz erstreckt sich über alle mit der Wahl zusammenhängenden oder ihr dienenden Handlungen und Geschäfte.

Lassen Sie keine Wahlbehinderung zu

Achtung: Auf die Kenntnis der Wirkung kommt es nicht an

Die Behinderung der Betriebsratswahl ist verboten, unabhängig davon, ob der Handelnde Kenntnis von der Wirkung seines Tuns hat.

Beispielle für eine unzulässige Wahlbehinderung

- Der Arbeitgeber kommt seiner Verpflichtung, dem Wahlvorstand die für die Anfertigung der Wählerliste notwendigen Auskünfte zu erteilen bzw. erforderlichen Unterlagen auszuhändigen, nicht nach (§ 2 Abs. 2 WO).

- Der Arbeitgeber weigert sich, Sachmittel (wie Wahlzettel, Wahlurne, Wahlumschläge, Wahlräume) zur Verfügung zu stellen, die dazu dienen, die Wahl durchzuführen.

- Wahlberechtigte werden am Betreten des Wahllokals gehindert.

- Wahlzettel werden gefälscht oder unterschlagen.

- Die Bestellung des Wahlvorstands wird erschwert.

- Der Arbeitgeber verbietet Mitgliedern des Wahlvorstands, ihre Wahlvorstandstätigkeiten innerhalb der Arbeitszeit durchzuführen.

- Der Arbeitgeber droht Belegschaftsangehörigen unmittelbar oder mittelbar Nachteile an, wenn sie sich an der Betriebsratswahl beteiligen.

2. Besonders schwere Form der Wahlbehinderung

Sämtliche Erklärungen und Maßnahmen Ihres Arbeitgebers, die eine rechtswidrige Beeinflussung oder Behinderung der Betriebsratswahl darstellen, sind nichtig. Leider kommt es in der Praxis nicht selten vor, dass Arbeitgeber sich dennoch in diesem Punkt rechtswidrig verhalten.

Eine besonders schwere Form der Wahlbehinderung liegt vor, wenn ein Arbeitgeber eine Kündigung ausspricht, um einen Arbeitnehmer davon abzuhalten, eine Betriebsratswahl einzuleiten oder bei einer solchen zu kandidieren. Dieses Vorgehen soll dazu dienen, nicht nur die engagierten Mitarbeiter zu entfernen, sondern gleichzeitig alle Arbeitnehmer einzuschüchtern.

Allerdings ist für Betroffene der Nachweis, dass die Kündigung tatsächlich im Zusammenhang mit einer Betriebsratswahl steht, nicht immer einfach. Die meisten Arbeitgeber prüfen die Situation vorher genau, um andere Gründe angeben und darlegen zu können.

Ist es streitig, ob zwischen einer Kündigung und einer Betriebsratswahl ein Zusammenhang besteht, trägt der betroffene Arbeitnehmer die Beweislast. Ihm hilft dann häufig nur noch, schlüssig darzulegen, dass die Gesamtumstände auf eine betriebsratsfeindliche Haltung des Arbeitgebers schließen lassen. Dies kann zu Beweiserleichterungen führen.

Lassen Sie keine Wahlbehinderung zu

3. Auch Wahlbewerber genießen Kündigungsschutz

Die ordentliche Kündigung gegenüber Wahlbewerbern und Wahlvorstandsmitgliedern ist nach Kündigungsschutzgesetz (KSchG) grundsätzlich unzulässig (§ 15 Abs. 3 KSchG). Fristlose Kündigungen sind nur mit Zustimmung des Betriebsrats zulässig oder, falls es diesen noch nicht gibt, wenn das Arbeitsgericht die fehlende Zustimmung des Betriebsrats ersetzt (§ 103 BetrVG).

Der Kündigungsschutz beginnt für die Mitglieder des Wahlvorstands mit ihrer Bestellung und für Wahlbewerber mit der Aufstellung des Wahlvorschlags. Dabei löst der aufgestellte Wahlvorschlag den Kündigungsschutz für Wahlbewerber bereits dann aus, wenn die erforderliche Mindestzahl von Stützunterschriften vorliegt (§ 14 Abs. 4 BetrVG).

Der Kündigungsschutz wirkt gemäß § 15 Abs. 3 Satz 2 KSchG nach. Das führt dazu, dass gegenüber einem ehemaligen Wahlvorstandsmitglied und nicht gewählten Wahlbewerbern innerhalb von sechs Monaten nach Bekanntgabe des Wahlergebnisses keine ordentliche Kündigung ausgesprochen werden darf. Zulässig wäre nur eine fristlose Kündigung, bei Erfüllung der strengen Voraussetzungen. Der Arbeitgeber müsste also befugt sein, dem Mitarbeiter aus wichtigem Grund ohne Einhaltung der Kündigungsfrist kündigen zu dürfen. Für die gewählten Betriebsräte gilt dies erst ein Jahr nach Ende der Amtszeit.

4. Diese Folgen einer unzulässigen Wahlbehinderung sollten Sie kennen

Ähnlich wie bei der Behinderung der Betriebsratsarbeit kann ein Arbeitnehmer, der durch einen schuldhaften Verstoß gegen § 20 Abs. 1

BetrVG einen Schaden erlitten hat, Schadenersatz gemäß Bürgerlichem Gesetzbuch (BGB) fordern (§ 823 Abs. 2 BGB).

Betroffene Beschäftigte können sich zudem, wie auch Sie als Betriebsrat, gegen eine unzulässige Wahlbehinderung durch die Anrufung des Arbeitsgerichts wehren – in dringenden Fällen auch im Eilverfahren per einstweiliger Verfügung (siehe III. 4.).

Darüber hinaus sollten Sie bei Verstößen gegen § 20 Abs. 1 oder 2 BetrVG prüfen, ob eine Wahlanfechtung (§ 19 BetrVG) in Betracht kommt. Grundsätzlich kann eine solche begründbar sein.

5. Das darf Ihr Arbeitgeber

Natürlich sind Verhaltensweisen Ihres Arbeitgebers, bei denen er den bestehenden Rechtsrahmen ausnutzt, nicht als unzulässige Behinderung anzusehen. So gilt etwa die Propaganda für oder gegen einen Wahlkandidaten oder eine Liste nicht als Behinderung der Betriebsratswahl. Selbst dann nicht, wenn die Wahlpropaganda wahrheitswidrig ist.

Arbeitgeber, die Wahl eines Betriebsrats beeinflussen oder gar verhindern wollen, versuchen zunächst einmal, die Mehrheit der Belegschaft auf ihre Seite zu ziehen. Dies wird neudeutsch „Union Busting", frei übersetzt „Zerschlagung der Einheit" oder „der Gewerkschaft", genannt (siehe VI.). Die Vorgehensweisen sind unterschiedlich, je nach Gegner.

- Es kommt durchaus vor, dass die Belegschaft in Mitarbeiterversammlungen gegen die Betriebsräte und deren Unterstützer eingeschworen wird.

- Versucht wird, die Arbeitnehmer davon zu überzeugen, dass ein Betriebsrat unnötig sei, weil sie ihre Wünsche und Begehren

Lassen Sie keine Wahlbehinderung zu

ebenso wie ihre Kritik jederzeit frei gegenüber dem Arbeitgeber äußern könnten und auch gehört würden.

- Vom Sinn und Zweck eines Betriebsrats nicht überzeugte, unschlüssige Arbeitnehmer können eingeschüchtert werden. Ihnen werden die negativen Folgen eines Betriebsrats erläutert, etwa wirtschaftliche Einbußen oder Arbeitsplatzverlust.

- Auch Einzelgespräche mit den direkten Vorgesetzten werden genutzt, um schwankende Arbeitnehmer von der Unterstützung eines Betriebsrats abzubringen.

Machen Sie Ihrem Arbeitgeber klar, dass Sie Ihre Rechte kennen. Nutzen Sie Ihre Möglichkeiten jedoch mit Augenmaß, denn Sie müssen davon ausgehen, dass Sie noch lange mit Ihrem Arbeitgeber zusammenarbeiten. Zerstören Sie die Beziehung nicht und zeigen Sie sich im Rahmen des Möglichen kooperativ.

III Wie Ihre Betriebsratsarbeit behindert werden kann

Das BetrVG stellt Ihre Tätigkeit als Betriebsrat und die anderer Organe der Betriebsverfassung in mehreren Vorschriften unter einen besonderen Schutz. Dazu zählt auch, dass Sie in Ihrer Arbeit nicht behindert und wegen Ihrer Arbeit nicht benachteiligt werden dürfen.

1. Weite Auslegung der Begriffe „Störung" und „Behinderung"

Nach § 78 Abs. 1 BetrVG dürfen die Mitglieder

- des Betriebsrats, Gesamtbetriebsrats, Konzernbetriebsrats sowie der Bordvertretung des Seebetriebsrats,

- der Jugend- und Auszubildendenvertretung (JAV), Gesamt-JAV sowie der Konzern-JAV,

- der in § 3 Abs. 1 BetrVG genannten Vertretungen der Arbeitnehmer,

- des Wirtschaftsausschusses,

- der Einigungsstelle, einer tariflichen Schlichtungsstelle (§ 76 Abs. 8 BetrVG), einer betrieblichen Beschwerdestelle (§ 86 BetrVG) sowie Auskunftspersonen (§ 80 Abs. 2 Satz 4 BetrVG)

Wie Ihre Betriebsratsarbeit behindert werden kann

in der Ausübung ihrer Tätigkeit nicht gestört oder behindert sowie wegen ihrer Tätigkeit nicht benachteiligt oder begünstigt werden; dies gilt auch für ihre berufliche Entwicklung.

Die Begriffe „Störung" und „Behinderung" sind dabei weit auszulegen. Eine Störung oder Behinderung der Betriebsratsarbeit kann nicht nur durch aktives Tun, sondern auch durch Unterlassen begangen werden. Zudem richten sich die Verbote nicht nur an Ihren Arbeitgeber, sondern an jeden.

Beispiele für eine unzulässige Behinderung der Betriebsratsarbeit:

Ihr Arbeitgeber

- verweigert Ihnen die nach § 2 Abs. 1 BetrVG gebotene vertrauensvolle Zusammenarbeit.

- lehnt es ab, Ihnen die erforderlichen Räume und Sachmittel nach § 40 Abs. 2 BetrVG zur Verfügung zu stellen.

- behindert oder verhindert sogar die Teilnahme von Kollegen an Ihren Betriebsratssitzungen.

- droht den Belegschaftsangehörigen Nachteile an, wenn sie Ihre Sprechstunde aufsuchen.

- missachtet wiederholt Ihre Informations-, Mitwirkungs- und Beteiligungsrechte.

2. Sie dürfen weder benachteiligt noch begünstigt werden

Als Betriebsratsmitglied dürfen Sie wegen Ihrer Tätigkeit im Gremium weder benachteiligt noch begünstigt werden. Das gilt auch für Ihre berufliche Entwicklung (§ 78 BetrVG). Eine Benachteiligung- oder Begünstigungsabsicht Ihres Arbeitgebers ist dabei nicht erforderlich. Es reicht aus, wenn die Maßnahme oder Unterlassung im Vergleich zu anderen Belegschaftsmitgliedern eine Besser- oder Schlechterstellung darstellt und zwischen der jeweiligen Maßnahme bzw. Unterlassung und der Betriebsratstätigkeit ein Zusammenhang hergestellt werden kann.

In der Praxis gibt es häufig Auseinandersetzungen darüber, ob ein solcher Zusammenhang besteht oder nicht. Die Beweislast trägt dabei immer die Seite, die behauptet, dass eine Begünstigung oder Benachteiligung vorliegt.

In Ihrem Berufsalltag als Betriebsrat werden Sie schnell feststellen, dass zumindest das Benachteiligungsverbot nicht immer eingehalten wird. Denn häufig übernehmen Sie die im Gremium anfallenden Arbeiten zusätzlich zu Ihrer regulären Tätigkeit im Betrieb. Und die muss auch weiterhin erledigt werden.

Benachteiligungen wegen der Übernahme des Amtes treffen allerdings in der Praxis meist vollständig freigestellte Betriebsratsangehörige, denn das Benachteiligungsverbot schließt auch die berufliche und die Entgeltentwicklung ein. Grundsätzlich gilt: Ihr Gehalt soll entsprechend den Erhöhungen vergleichbarer Arbeitnehmer gesteigert werden. Es ist also auf die Mitarbeitenden in dem Bereich abzustellen, in dem die Betriebsräte zuvor gearbeitet haben. Da die wenigsten Personalabteilungen dies von sich aus umsetzen, ist Ärger programmiert. Letztlich müssen die Betroffenen – auch in mehreren Anläufen – darauf bestehen, entsprechend höher eingruppiert zu

Wie Ihre Betriebsratsarbeit behindert werden kann

werden. Das sollten sie auch unbedingt tun. Damit Sie Ihre Ziele als Betriebsrat erreichen und unter Umständen an den alten Arbeitsplatz zurückkehren können, sollten Sie auch während Ihrer Amtszeit immer wieder an Qualifikations- und Fortbildungsmaßnahmen Ihres Arbeitgebers teilnehmen.

Achtung: Benachteiligungsverbot endet nicht mit der Amtszeit

Das Benachteiligungsverbot endet übrigens nicht mit der Beendigung des Betriebsratsamts. So ist beispielsweise Betriebsräten nach der Amtszeit eine Tätigkeit anzubieten, die der während der Freistellung erreichten Vergütungsgruppe entspricht.

Als Betriebsrat dürfen Ihnen wegen Ihrer Tätigkeit auch keine Vorteile gewährt werden. Das bedeutet, dass – obwohl die Betriebsratstätigkeit im Allgemeinen sehr hoch angesehen und als mit qualifizierter Arbeit verbundene Tätigkeit anerkannt ist – keine Eingruppierung nach dieser Tätigkeit erfolgt. Auch andere Begünstigungen wie etwa eine ungerechtfertigte Beförderung oder die Zahlung überhöhter Entschädigungen sind unzulässig.

3. So können Sie gegen Verstöße vorgehen

Als Betriebsrat werden Sie sich fragen, welche Folgen ein möglicher Verstoß hat. Zunächst sollten Sie wissen, dass sämtliche Erklärungen und Maßnahmen Ihres Arbeitgebers, die gegen § 78 BetrVG verstoßen, nichtig sind. Deshalb können alle, die infolge eines solchen Verstoßes einen Schaden erleiden, Schadenersatz nach § 823 BGB verlangen..

Aber auch Sie als Betriebsratsgremium haben Möglichkeiten: Als Betriebsrat können Sie gegen eine Störung oder Behinderung Ihrer Arbeit genauso wie gegen eine unzulässige Benachteiligung oder Begünstigung vorgehen, indem Sie das Arbeitsgericht anrufen. Dort können Sie einen Anspruch auf Unterlassung oder auf Durchführung einer Handlung geltend machen, in dringenden Fällen sogar per Eilverfahren.

Sie können also parallel zum Hauptverfahren einen Antrag auf einstweilige Verfügung stellen. Den werden Sie allerdings nur durchsetzen können, wenn Sie das Hauptverfahren aller Wahrscheinlichkeit nach gewinnen können.

4. Von der Diplomatie zum Strafverfahren

Auch in schwierigen Zeiten sollten Sie als Betriebsrat stets Wert auf eine vertrauensvolle Zusammenarbeit mit Ihrem Arbeitgeber legen und sich entsprechend verhalten. Auch wenn Ihr Arbeitgeber sich – aus welchen Gründen auch immer – hin und wieder nicht gesetzeskonform verhält, sollten Sie nicht gleich mit allen Mitteln gegen ihn vorgehen.

Selbstverständlich ist es wichtig, dass Sie als Betriebsrat Ihren Arbeitgeber im Zweifel darauf aufmerksam machen, dass er Ihre Beteiligungsrechte ignoriert oder sich anderweitig rechtswidrig verhalten hat. Sie sollten ihn zudem auffordern, seine Fehler auszuräumen – Sie also doch noch zu beteiligen oder gesetzeswidrige Maßnahmen zu unterlassen. Drohen Sie ihm aber nicht beim ersten Fehler mit einem Gerichtsprozess oder sogar einem Strafverfahren. Versuchen Sie lieber, sich gütlich zu einigen, und suchen Sie eine diplomatische Lösung.

Machen Sie ihn auf sein Verhalten aufmerksam, am besten in einem entsprechenden Schreiben. Ein Muster zur Orientierung folgt hier.

Wie Ihre Betriebsratsarbeit behindert werden kann

> **Muster-Schreiben: Behinderung der Betriebsratsarbeit**
>
> An die Geschäftsführung der ... (Name des Unternehmens)
> (Ort) ...., (Datum) ....
>
> Behinderung der Betriebsratsarbeit – Behinderung von Betriebsrat ... (Name des behinderten Mitglieds) bei der Erledigung von Betriebsratsarbeiten
>
> Sehr geehrte Frau ..., sehr geehrter Herr ...,
>
> Frau/Herr ... (Name des betroffenen Betriebsrats) musste am ... (Datum/Uhrzeit) Betriebsratsarbeiten erledigen. Die Erledigung dieser Arbeiten war zum genannten Zeitpunkt erforderlich und konnte nicht auf einen anderen Zeitpunkt verschoben werden. Insoweit hatte Frau/Herr ... die Belange der betrieblichen Arbeit mit den zu erledigenden Betriebsratsarbeiten zuvor abgewogen.
>
> Das Ergebnis der Abwägung fand aber keine Berücksichtigung. Frau/Herrn ... wurde die Freistellung für die Erledigung der entsprechenden Gremiumsaufgaben verweigert. Diese Verweigerung stellt eine unzulässige Behinderung der Betriebsratsarbeit dar.
>
> Als Betriebsrat gehen wir davon aus, dass Sie als Arbeitgeber nicht über diesen Vorgang informiert sind. Wir vermuten zudem, dass Sie ihn nicht gutheißen können, und bitten Sie, schnellstmöglich Abhilfe zu schaffen.
>
> Weisen Sie bitte Ihre Führungskräfte noch einmal darauf hin, dass sie die Arbeit des Gremiums nicht behindern dürfen. Unter Umständen ist es zudem notwendig, einzelne Führungsverantwortliche darauf hinzuweisen, dass wir als Betriebsräte abzuwägen haben, ob wir eine Freistellung für die Erledigung von Betriebsratsaufgaben benötigen. Sofern uns als Betriebsrat bei der Abwägung keine

groben Fehler unterlaufen, hat unsere Entscheidung grundsätzlich Vorrang, es sei denn, Sie können der Entscheidung triftige betriebliche Gründe entgegenhalten.

Zu einem Gespräch über die Angelegenheit sind wir jederzeit bereit.

Freundliche Grüße

....
(Unterschrift Betriebsratsvorsitzender)

Arbeitgeber, die Ihre gesetzlich festgeschriebenen Mitbestimmungsrechte systematisch ignorieren, riskieren im Zweifel lieber einen Prozess, anstatt sich konform zu verhalten. Sie gehen häufig davon aus, dass der Betriebsrat nicht so weit gehen wird. Wird ein solches gesetzeswidriges Verhalten zur Masche und eine vertrauensvolle Zusammenarbeit nicht mehr möglich, steht Ihnen der Gang vor ein Gericht offen. Denn wer Ihre Tätigkeit als Betriebsrat oder die Tätigkeit anderer Organe der Betriebsverfassung vorsätzlich behindert oder stört, begeht nach § 119 Abs. 1 Nr. 2 BetrVG eine Straftat, die mit einer Freiheitsstrafe bis zu einem Jahr oder einer Geldstrafe bestraft werden kann. Gleiches gilt für denjenigen, der ein Mitglied des Betriebsrats oder ein Organ der Betriebsverfassung (also auch ein Ersatzmitglied) wegen der Tätigkeit im Betriebsrat benachteiligt oder begünstigt. Eine solche Tat wird allerdings bis dato nur auf Antrag des Betriebsrats, Gesamt- oder Konzernbetriebsrats oder einer im Betrieb vertretenen Gewerkschaft verfolgt (§ 119 Abs. 2 BetrVG).

Achtung: Der Betriebsrat muss aktiv werden

Hier plant das Bundesarbeitsministerium eine Änderung des BetrVG. Die Staatsanwaltschaft soll ermächtigt und verpflichtet werden, gleich zu agieren, wenn ihr ein Fall von Behinderung der Betriebsratsarbeit bekannt wird. Das ist allerdings derzeit noch Zukunftsmusik.

IV Mit diesen Mitteln schikanieren Arbeitgeber Betriebsräte gezielt

Es ist Ihnen als Betriebsrat in der Regel bekannt: Sie stehen häufig im Visier der Arbeitgeber. Dabei reicht die Bandbreite von einem bloßen Ignorieren der Betriebsratsrechte bis hin zum gezielten Entfernen einzelner Arbeitnehmervertreter. In all diesen Fällen, insbesondere bei systematischem Betriebsratsmobbing, ist Ihr schnelles Handeln gefordert.

Ihr grundsätzliches Ziel in all diesen Fällen muss es sein, Ihren Arbeitgeber davon zu überzeugen, dass die Arbeitnehmermitbestimmung auch in seinem Interesse liegt. Schließlich fühlen sich Arbeitnehmer, die mitbestimmen oder sich dabei vertreten lassen, ernst genommen und wertgeschätzt. Das motiviert sie. Motivierte Arbeitnehmer wiederum sind leistungsstärker, was sich letztlich häufig positiv auf die wirtschaftliche Lage des Betriebs auswirkt.

Sollte sich Ihr Arbeitgeber nicht überzeugen lassen wollen, sollte er Sie als Betriebsrat zumindest respektieren.

1. Vertrauensvolle Zusammenarbeit? Keine Spur!

Arbeitgeber verweigern immer wieder – direkt und offensichtlich oder auch nur indirekt – die vertrauensvolle Zusammenarbeit mit dem Betriebsrat. Vertrauensvolle Zusammenarbeit bedeutet, dass der Arbeitgeber den Betriebsrat von sich aus über wesentliche Angelegenheiten des Betriebs unterrichtet (§ 2 Abs. 1 BetrVG). Der Grund-

Vertrauensvolle Zusammenarbeit? Keine Spur!

satz setzt voraus, dass Arbeitgeber und Betriebsrat sich bei strittigen Fragen ernsthaft darum bemühen, eine Einigung herbeizuführen. Die vertrauensvolle Zusammenarbeit findet ihren Ausdruck zudem im regelmäßigen Monatsgespräch (§ 74 BetrVG).

Verweigert ein Arbeitgeber durch ein entsprechendes Verhalten die vertrauensvolle Zusammenarbeit mit dem Betriebsrat, verstößt er gegen seine Verpflichtung. Sollten Sie von einem solchen Vorgehen betroffen sein, sollten Sie Ihren Arbeitgeber zunächst ausdrücklich auffordern, seiner Pflicht nachzukommen. Schließlich bedeutet das Gebot der vertrauensvollen Zusammenarbeit auch, dass Sie sich zunächst mit Ihrem Arbeitgeber in Verbindung setzen. Und zwar auch dann, wenn Sie davon ausgehen, dass er keine Abhilfe schaffen wird.

TIPP: Im Zweifel an die Belegschaft wenden

Hapert es an einer vertrauensvollen Zusammenarbeit, wenden Sie sich erst an die Belegschaft und bauen Sie so Druck auf. Je mehr Kollegen hinter Ihnen stehen, desto eher wird sich Ihr Arbeitgeber wahrscheinlich bewegen. Wenn Sie sich gegenüber Ihrem Arbeitgeber trotzdem nicht durchsetzen können, überleben Sie, ob Sie vor Gericht ziehen. Aber Vorsicht: Drohen Sie ihm den Schritt an, bevor Sie tatsächlich handeln.

In den folgenden Fällen ist eine vertrauensvolle Zusammenarbeit schwierig, wenn nicht unmöglich.

a) Arbeitgeber ignoriert Ihre Rechte

Arbeitgeber ignorieren immer wieder absichtlich Rechte von Betriebsräten, um festzustellen, wie weit sie gehen können, und um ihre Grenzen auszutesten. Signalisieren Sie Ihrem Arbeitgeber in einem solchen Fall von Anfang an, dass Sie auf Ihren Rechten bestehen.

Mit diesen Mitteln schikanieren Arbeitgeber Betriebsräte gezielt

Bitten Sie Ihren Arbeitgeber im Konfliktfall, Ihnen die Situation aus seiner Sicht darzustellen. Er ist damit gefordert, Ihnen seine Forderungen und Argumente zu präsentieren. So können Sie sich diese anhören und bekommen ein Gespür dafür, welche Ziele er verfolgt. Außerdem gewinnen Sie Zeit, sich Vorteile und Gegenargumente für Punkte zu überlegen, die Sie bisher nicht bedacht hatten. Führen Sie diese abschließend klar an. Nachdem dann auch Sie Ihre Position dargestellt haben, sollte es Ihr Ziel sein, die beiderseitigen Interessen zu klären und eine Lösung des Konflikts zu erarbeiten.

b) Gehen Sie auf Ihren Arbeitgeber zu

Selbst dann, wenn Sie absolut im Recht sind: Setzen Sie auf eine konstruktive Kooperation. Sie kommen nicht zum Ziel, wenn Sie sich darauf beschränken, die Fehler Ihres Arbeitgebers in epischer Breite zu diskutieren. Versuchen Sie stattdessen, seine Gesprächsbereitschaft zu verbessern, indem Sie aktiv auf ihn zugehen und Lösungen vorschlagen.

> **TIPP: Betriebsvereinbarung abschließen**
> Einigen Sie sich mit Ihrem Arbeitgeber auf eine Betriebsvereinbarung, in der Sie die Zusammenarbeit und den Geschäftsverkehr zwischen Ihnen als Betriebsrat und ihm als Arbeitgeber regeln.

c) Zusammenarbeit mit Gewerkschaften

Sie und Ihr Arbeitgeber sind gehalten, Ihre Aufgaben im Zusammenwirken mit den Gewerkschaften und den Arbeitgeberverbänden zu erledigen. Ziel jeglicher Verhandlungen sollte das Wohl der Arbeitnehmer sowie das Wohl aller im Betrieb tätigen Gewerkschaften und das Wohl des Betriebs im Allgemeinen sein.

Als weitsichtiger Betriebsrat werden Sie sowieso mit der Gewerkschaft zusammenarbeiten. Sie werden allerdings auch wissen, dass das BetrVG von einer grundsätzlichen Trennung Ihrer und der Aufga-

Vertrauensvolle Zusammenarbeit? Keine Spur!

ben der Gewerkschaft ausgeht. Sie sind frei in Ihren Entscheidungen, denn schließlich sind Sie im Gegensatz zur Gewerkschaft (die nur von ihren Mitgliedern gewählt wurde) vom gesamten Betrieb gewählt. Sie unterliegen deshalb nicht den Weisungen der Gewerkschaft, sondern sind vielmehr gerade gegenüber Ihren Kollegen aus der Belegschaft zur Neutralität verpflichtet.

Eine Verpflichtung zur Zusammenarbeit besteht nur, soweit das Gesetz einer Gewerkschaft betriebsverfassungsrechtliche Aufgaben zuweist. So hat die Gewerkschaft in der Regel gewisse Befugnisse, die Sie als Betriebsrat einhalten bzw. unterstützen müssen. Dazu gehören:

- die Unterstützung und das Vorschlagsrecht für die Betriebsratswahl

- die Bestellung eines erstmalig eingesetzten Wahlvorstands

- die Teilnahme an Betriebsversammlungen

- die Anfechtung einer Betriebsratswahl

- das Antragsrecht auf Ersetzung eines untätigen Wahlvorstands

Räumt das Gesetz einer Gewerkschaft keine eigenständigen Rechte ein, sind Sie als Betriebsrat nicht zur Zusammenarbeit mit der Gewerkschaft verpflichtet. Sie können die Gewerkschaft aber auch in solchen Situationen um Unterstützung bitten. Dann muss die Zusammenarbeit vertrauensvoll erfolgen.

Wichtig: Eine betriebsverfassungsrechtliche Pflicht der Gewerkschaft zur Zusammenarbeit mit dem Betriebsrat besteht nicht.

d) Zusammenarbeit mit dem Arbeitgeberverband

Die Verpflichtungen bei der Zusammenarbeit mit dem Beauftragten des Arbeitgeberverbands sind für Sie als Betriebsrat eingeschränkt.

Mit diesen Mitteln schikanieren Arbeitgeber Betriebsräte gezielt

Dieser hat, anders als der Beauftragte einer Gewerkschaft, kein eigenes Teilnahmerecht, sondern darf nur an Abteilungs- und Betriebsversammlungen anwesend sein, wenn Ihr Arbeitgeber selbst der Veranstaltung beiwohnt. Zudem hat er weder Beratungs- noch Stimmrecht.

Sie als Betriebsrat sind deshalb auch nicht verpflichtet, den Arbeitgeberverbandsvertreter über anstehende Betriebs- und Abteilungsversammlungen zu informieren.

> **TIPP: Einladung in Betracht ziehen**
> Ob Sie einen Vertreter des Arbeitgeberverbands informieren oder einladen, sollten Sie im Einzelfall entscheiden. Schließlich gehört es auch zum Grundsatz der vertrauensvollen Zusammenarbeit, dass Sie sich offen, kompromissbereit und entgegenkommend zeigen.

Anhand der folgenden Checkliste können Sie prüfen, ob die Zusammenarbeit zumindest von Ihrer Seite auf eine solide Grundlage gestellt ist.

Checkliste: Besteht eine solide Grundlage für eine gute Zusammenarbeit?	
Prüfpunkte	Check
Das Gebot der vertrauensvollen Zusammenarbeit wird stets geachtet.	❏
Der Tarifvorrang findet stets Berücksichtigung.	❏
Der Betriebsrat trifft seine Entscheidungen – wo notwendig – im Zusammenwirken mit den im Betrieb vertretenen Gewerkschaften und Arbeitnehmervereinigungen.	❏
Alles Handeln soll dem Wohl der Belegschaft dienen.	❏
Arbeitgeber und Betriebsrat treffen sich mindestens einmal monatlich zu einem Informationsaustausch.	❏
Bei Auseinandersetzungen wird der ernstliche Wille, einen Konsens zu erreichen, gezeigt.	❏

Der Zusammenhalt zwischen Ihnen und der Belegschaft wird bewusst geschwächt

Checkliste: Besteht eine solide Grundlage für eine gute Zusammenarbeit?	
Prüfpunkte	**Check**
Der Arbeitgeber sieht den Betriebsrat als ernst zu nehmenden Partner und prüft Ihre Wünsche als Betriebsrat stets mit der notwendigen Ernsthaftigkeit.	❏

Können Sie alle Punkte mit „Ja" beantworten, steht die Zusammenarbeit mit Ihrem Arbeitgeber auf einem guten Fundament.

Manchmal nützt das ganze Engagement aber dennoch nichts. Kommt Ihr Arbeitgeber entsprechenden Aufforderungen nicht nach, bleibt nur der Weg zum Arbeitsgericht – als letztes Mittel, denn Gerichtsverfahren dauern häufig sehr lang und es ist in vielen Fällen völlig offen, wie sie ausgehen. Zudem vergiften Sie durch einen solchen Schritt die Beziehung.

Ist das persönliche Verhältnis zwischen Betriebsrat und Arbeitgeber zerrüttet oder sind Verhandlungen völlig verfahren, bleibt Ihnen manchmal nichts anderes übrig als der Gang vor Gericht. Gleiches gilt übrigens, wenn Ihr Arbeitgeber bestreitet, dass Mitbestimmungsrechte überhaupt bestehen.

2. Der Zusammenhalt zwischen Ihnen und der Belegschaft wird bewusst geschwächt

Arbeitgeber können aktiv oder auch passiv die Beziehung zum Betriebsrat verschlechtern und parallel dazu versuchen, ein möglichst enges Verhältnis zur Belegschaft aufzubauen. Ziel ist, die Mehrheit der Arbeitnehmer davon zu überzeugen, dass der Betrieb ohne Arbeitnehmervertretung besser funktioniert. Solchen Ansätzen und Verhal-

Mit diesen Mitteln schikanieren Arbeitgeber Betriebsräte gezielt

tensweisen müssen Sie engagiert entgegentreten. Dazu müssen Sie vor allem ausgiebig mit Ihren Kollegen kommunizieren. Das persönliche Gespräch mit den Schlüsselpersonen Ihres Arbeitgebers kann hier Wunder wirken. Auch ein entsprechender Aushang oder die Thematisierung auf einer Betriebsversammlung können sinnvolle Maßnahmen sein.

Die Belegschaft muss das Ansinnen Ihres Arbeitgebers kennen und verstehen. Sie muss zudem darüber informiert sein, wie Ihre Beziehung zum Arbeitgeber tatsächlich ist. Stellen Sie im Zweifel gegenüber der Belegschaft klar, dass Ihr Arbeitgeber Ihnen die Zusammenarbeit verweigert, Ihre Mitbestimmungsrechte ignoriert oder Verhandlungen unnötig hinauszögert, um eine Entscheidung zu verhindern. Denn nur, wenn Ihre Kollegen das wahre Interesse Ihres Arbeitgebers und das Ausmaß seiner Versuche kennen, können sie die Problematik einschätzen. Nur in diesem Fall werden sie Sie zielgerichtet unterstützen können.

3. Ihre Mitbestimmungsrechte werden ignoriert

Ignoriert Ihr Arbeitgeber einfach Ihre gesetzlich festgeschriebenen Mitbestimmungsrechte, gilt ein ähnliches Vorgehen. Fordern Sie Ihren Arbeitgeber zunächst auf, Ihre jeweiligen Beteiligungsrechte zu wahren.

Ändert das nichts am Verhalten Ihres Arbeitgebers, schalten Sie die Einigungsstelle ein. Denn für Angelegenheiten, die der Mitbestimmung des Betriebsrats unterliegen, ist nach § 76 BetrVG eine Einigungsstelle zu bilden. Die Einigungsstelle entscheidet dann im Rahmen der zwingenden Mitbestimmung verbindlich.

4. Die Arbeitgeberseite arbeitet aktiv an Ihrem Rücktritt

Auch das gibt es in der Praxis: Der Arbeitgeber gibt seine Meinung über den Betriebsrat und dessen Arbeit gegenüber der Belegschaft preis. Passiert so etwas während einer Mitarbeiterversammlung oder einer ähnlich großen Veranstaltung, müssen Sie als Betriebsrat davon ausgehen, dass er versucht, Ihre Position Stück für Stück zu schwächen. Unter Umständen endet das Vorgehen in einer Aufforderung, vom Amt als Betriebsrat zurückzutreten.

Ein derartiges Handeln ist nicht gesetzeskonform. Rechtlich werden Sie sich – je nach Konstellation im Einzelfall – auf eine Behinderung der Betriebsratsarbeit stützen und gegen die Verhaltensweisen wehren können. Das gilt gerade dann, wenn Ihr Arbeitgeber Ihre Kollegen aus der Belegschaft damit lockt, ihnen Vorteile zu verschaffen, wenn sie sein Vorhaben stützen und sich von Ihnen abwenden.

Wie immer sollten Sie auch in einem solchen Fall zunächst vor allem auf gute Kommunikation gegenüber der Belegschaft und Gewerkschaft Wert legen. Wichtig ist, dass Sie allen Belegschaftsangehörigen klarmachen, wie sehr sie von Ihrer Arbeit profitieren. Denn in der Praxis zeigt sich immer wieder, dass einigen Arbeitnehmern die Vorteile der Mitbestimmung nur begrenzt bewusst sind. Sie gehen davon aus, dass sie sich ebenso gut allein zur Wehr setzen können.

Tatsächlich nehmen Betriebsräte aber – unabhängig davon, wie aktiv sie sind – allein durch ihr Bestehen großen Einfluss auf für Beschäftigte ungünstige Entscheidungen. Arbeitgeber berücksichtigen in der Regel bei allen kritischen Entscheidungen, dass der Betriebsrat ihnen im Rahmen seiner Mitbestimmung Steine in den Weg legen könnte. Die vorausschauenden unter ihnen bereiten zudem von Anfang an Gegenstrategien vor.

Werben Sie deshalb für den Erhalt des Gremiums. Sprechen Sie direkt mit Kollegen, die in der Situation schwanken könnten. Ermutigen Sie sie, zu Ihnen zu halten und sich im eigenen Interesse für die Arbeitnehmermitbestimmung einzusetzen. Argumentieren Sie damit, dass Sie gemeinsam stärker sind. Schließlich haben Sie als Betriebsrat eine andere Macht als ein einzelner Arbeitnehmer.

5. Ihren Betriebsratsmitgliedern wird ein neuer Job oder eine Gehaltserhöhung angeboten

Kann ein Arbeitgeber den Betriebsrat nicht zum Rücktritt bewegen, hat er die Möglichkeit, insbesondere bei sehr kleinen Betriebsräten, den Betroffenen einen anderen, attraktiven Arbeitsplatz samt geldwerten Vorteilen anzubieten. Dann müssen diese Betriebsräte sehr stark sein und gegenüber ihrem Arbeitgeber klarstellen, dass sie ihr Amt weiter ausüben wollen und werden.

Gleiches gilt, wenn ein Arbeitgeber versucht, den Betriebsrat mit einer deutlichen Gehaltserhöhung zur Aufgabe des Amts zu bewegen oder gar Betriebsratswahlen zu verhindern. Solche Vorgehensweisen sind nicht nur unmoralisch, sondern meist auch gesetzeswidrig, wenn etwa der Zusammenhang zwischen der Einleitung einer Betriebsratswahl und der Gehaltserhöhung besteht.

Ein weiterer Trick besteht darin, dass ein Arbeitgeber den Betriebsrat um Zustimmung zu einer Versetzung bittet. Diese hat das eigentliche Ziel, die Arbeitnehmerzahl im Betrieb so zu reduzieren, dass der Betriebsrat verkleinert wird oder gar nicht erst gegründet werden kann. Einer solchen Versetzung sollten Sie als Gremium nicht zustimmen. Dann bliebe Ihrem Arbeitgeber nur, die Zustimmung vor dem Arbeitsgericht ersetzen zu lassen.

6. Gesucht: Kündigungsgründe

Je schlechter das Verhältnis zum Arbeitgeber ist, desto eher besteht die Gefahr, dass dieser nach Anhaltspunkten sucht, um Betriebsräte abmahnen oder sogar kündigen zu können. Es kommt immer wieder vor, dass Arbeitgeber gezielt nach kleinen Fehlern, etwa in Reisekostenabrechnungen, suchen, um eine Abmahnung auszusprechen – und sogar Vorwürfe konstruieren, um Schadenersatzforderungen geltend zu machen. Oftmals wissen sie, dass diese Anschuldigungen vor Gericht keinen Bestand haben. Dennoch werden Prozesse angeregt, um psychischen Druck aufzubauen.

Dagegen können Sie nur schwer etwas tun. Gegen eine unwirksame Abmahnung oder Kündigung können Sie sich natürlich vor Gericht wehren, indem Sie Kündigungsschutzklage einreichen bzw. das Entfernen der Abmahnung aus der Personalakte fordern. Sind die jeweiligen Maßnahmen unwirksam, sollten Sie dies auch durchsetzen können.

Ist das Verhältnis zu Ihrem Arbeitgeber allerdings so schlecht, dass er mit derartigen Mitteln gegen Sie vorgeht, wird es in den seltensten Fällen gelingen, die soziale Beziehung wieder in einen tragbaren Normalzustand zurückzuführen.

Das heißt nicht, dass Sie aufgeben sollten. Sie werden aber damit leben müssen, im Berufsalltag ständig angefeindet und schikaniert – neudeutsch: „gedisst" – zu werden. Sofern Sie die permanenten Attacken und Angriffe Ihres Arbeitgebers ertragen, sollten Sie weiterhin versuchen, die Rechte Ihrer Belegschaftskollegen so gut wie möglich durchzusetzen. Dabei sollten Sie penibel darauf achten, dass Sie stets sachlich argumentieren und Ihre Beteiligungsrechte – so gut es geht – nutzen.

Dass man – sofern man gute Nerven hat – trotz aller Anfeindungen im Betrieb verbleiben kann, zeigt der Emmely-Fall.

Mit diesen Mitteln schikanieren Arbeitgeber Betriebsräte gezielt

~ Beispiel: Emmely hat sich erfolgreich gewehrt

Erinnern Sie sich noch an die Supermarkt-Kassiererin „Emmely"? Ihr Arbeitgeber kündigte ihr nach 31 Jahren fristlos – mit der Begründung, dass sie Pfandbons im Wert von 1,30 Euro unterschlagen habe.

Emmely wurde damals von vielen Arbeitnehmern als Heldin gefeiert. Denn sie wehrte sich gegen die Vorwürfe und zog bis vor das Bundesarbeitsgericht (BAG, 10.06.2014, Az. 2 AZr 541/09). Dieses entschied zu ihren Gunsten. Das Gericht hob in seiner Entscheidung seine jahrelange Praxis, Arbeitnehmern wegen einer Bagatelle zu kündigen, auf und Emmely kehrte an ihren früheren Arbeitsplatz zurück. Maßgeblich für die Entscheidung war, dass Emmely 31 Jahre in einem ansonsten einwandfreien Arbeitsverhältnis tätig war.

Der wahre Anlass für die Kündigung von Emmely war angeblich, dass diese zuvor an einem Streik teilgenommen hatte. Sie hatte damit allerdings lediglich die ihr zustehenden Rechte wahrgenommen.

In Ihrer Funktion als Betriebsrat dürfen Sie zwar nicht streiken, Sie dürfen aber selbstverständlich auf den Ihnen zustehenden Rechten bestehen. Ihr Arbeitgeber darf Sie nicht per Abmahnung oder Kündigung dafür bestrafen, dass Sie Ihre Beteiligungsrechte einfordern oder Ihre Mitbestimmungsrechte wahrnehmen.

Je nach konkretem Vorwurf kann es in solchen Situationen sehr sinnvoll sein, möglichst zeitnah einen Rechtsanwalt zur Unterstützung einzuschalten. Das gilt vor allem in den Fällen, die vermutlich vor einem Gericht entschieden werden. Die Gegenseite, der Arbeitgeber, wird sich sicher von einem Rechtsbeistand helfen lassen. Sie sollten das ebenfalls tun, um einerseits auf Augenhöhe vor Gericht zu stehen und andererseits von Anfang an eine sinnvolle und konsequente Strategie zu verfolgen.

Gesucht: Kündigungsgründe

Exkurs: Bagatellkündigung

Der Trend zur Kündigung wegen einer Lappalie scheint dennoch ungebrochen. Leider achten Arbeitnehmer immer wieder das Eigentum des Arbeitgebers nicht und entwickeln eine Selbstbedienungsmentalität. Um einer weiteren Verbreitung entgegenzuwirken, greifen viele Arbeitgeber zur Kündigung. Die ist allerdings nicht immer gerechtfertigt.

Berücksichtigen Sie als Betriebsrat: Es kommt immer auf den Einzelfall an. Es muss zudem eine Interessenabwägung vorgenommen werden. In den Emmely vergleichbaren Fällen wird es um die Abwägung zwischen der vorliegenden Vertrauensbeschädigung und den Interessen am Erhalt des Arbeitsplatzes gehen.

Die zu berücksichtigenden Kriterien sind dabei,

- ob sich der Arbeitnehmer reumütig zeigt und sich für sein Verhalten beim Arbeitgeber entschuldigt hat,

- wie lange das Beschäftigungsverhältnis bereits andauert,

- ob es zum Zeitpunkt des infrage stehenden Zwischenfalls beanstandungsfrei war und

- ob – aus welchen Gründen auch immer – eine Wiederholungsgefahr besteht.

Die Gegenstände, um die es bei Bagatellkündigungen geht, gehören dem Arbeitgeber. Es ist deshalb nachvollziehbar, dass er dem Diebstahl Einhalt gebieten will. Seine Reaktion muss jedoch im Verhältnis stehen. Darauf hat der Betriebsrat zu achten: Er sollte prüfen, ob der Arbeitgeber die Punkte berücksichtigt, die für die beschuldigte Person sprechen, beispielsweise, wie lange sie bereits mit dem Arbeitgeber vertrauensvoll zusammengearbeitet hat. Der Betriebsrat sollte dies in seiner Stellungnahme besonders deutlich herausstellen.

7. Der Arbeitgeber strukturiert das Unternehmen um

Anlässe für Um- und Neustrukturierungen gibt es viele. Die Begründungen reichen von Wirtschaftlichkeitskriterien und möglichen Subventionen für eigenständige Betriebe oder Betriebsteile über steuerliche Vorteile und ideologische Gründe bis hin zur Verschmelzung mit anderen Unternehmen nach einem Kauf oder Verkauf von Anteilen.

Meist führt eine solche Teilung zu einer Verkleinerung der Belegschaften einzelner Betriebsteile. Durch geschickte Umstrukturierung von Betrieben und Unternehmensteilen können Arbeitgeber gezielt organisierte Teile von Belegschaften zerschlagen. Dies nutzen einige Arbeitgeber gern, um den Betriebsrat zu schwächen, die Anzahl der Betriebsräte, insbesondere der freigestellten, zu verringern und Betriebsratswahlen oder gar die Gründung eines Betriebsrats zu verhindern.

Als Betriebsrat können Sie sich gegen die Maßnahme an sich meist nicht wehren, da es sich um eine unternehmerische Entscheidung handelt. Und diese trifft Ihr Arbeitgeber allein. Sie können nur aktiv werden, indem Sie mit der Belegschaft kommunizieren. Sprechen Sie die Problematik offen an. Reden Sie mit den Schlüsselfiguren und beraten Sie, welche anderen Organisationsmöglichkeiten Sie haben, wenn sich die Umstrukturierung nicht mehr verhindern lässt.

So muss bei einer Teilung genau überlegt werden, welche und wie viele Arbeitnehmer welchem neuen Betriebsteil zugeschlagen werden. Die Größe des Betriebsrats hängt dann von der Belegschaftsgröße der jeweiligen neuen Gesellschaften ab. Kommt es auf wenige Personen an, kann unter Umständen die Zuteilung beeinflusst werden.

Darüber hinaus ist es Ihre Aufgabe, möglichst gute Konditionen für die Weiterführung des Betriebsrats zu finden und – je nach Lage der

Der Arbeitgeber strukturiert das Unternehmen um

Dinge – zu vereinbaren. Auch bei diesen unternehmerischen Entscheidungen gibt es gewöhnlich immer einen gewissen Spielraum.

Grundsätzlich gilt in all diesen Fällen: Es ist immer schwierig, einen skeptischen Arbeitgeber davon zu überzeugen, dass eine gute Zusammenarbeit mit Ihnen auch ihm Vorteile bringt. Bleiben Sie dennoch optimistisch und setzen Sie sich kontinuierlich für eine Verbesserung Ihrer Zusammenarbeit ein.

Wichtig ist dabei, dass Sie den von Ihrem Arbeitgeber vorgebrachten wirtschaftlichen Gründen großen Wert beimessen. Versuchen Sie, seine Position bei Ihren Vorschlägen und in Ihren Verhandlungen zu berücksichtigen. Nur wenn er erkennt, dass Sie auch wirtschaftliche Entscheidungen mittragen, haben Sie die Chance, dass er Ihre Argumente reflektiert und nach besseren Lösungen für Sie und Ihre Kollegen sucht.

V Mobbing? Wehren Sie sich – aber richtig!

Als Arbeitnehmervertreter stehen Sie grundsätzlich für die Belange der Belegschaft ein. Das kann dazu führen, dass Sie für Ihren Arbeitgeber zum bevorzugten Angriffsziel werden. Eine der Waffen, die er gegen Sie einsetzen kann, ist das Mobbing; dabei kann er sogar Ihnen nicht gewogene Mitarbeitende einspannen. Trifft es einen Kollegen aus dem Gremium oder sogar alle Betriebsratsmitglieder, ist es Ihre Aufgabe als Betriebsrat, dafür zu sorgen, dass die Mobbing-Handlungen aufhören.

Aber auch, wenn andere Fälle von Mobbing im Betrieb auftreten und bekannt werden, sind Sie und Ihre Handlungskompetenz gefragt.

1. Eine einmalige Beleidigung ist noch kein Mobbing

Mobbing ist nicht zu tolerieren, das ist klar. Aber: Der eine ist mehr, der andere weniger empfindlich. Was für den einen untragbar erscheint, steckt ein anderer einfach so weg. Deshalb stellt sich die Frage: Wann liegt überhaupt Mobbing vor? Dazu hat sich inzwischen folgende Definition etabliert:

Als Mobbing werden die tatsächlichen Erscheinungen der fortgesetzten, aufeinander aufbauenden oder ineinander übergreifenden, der Anfeindung, Schikane oder Diskriminierung dienenden Verhaltensweisen bezeichnet, die nach ihrer Art und ihrem Ablauf im Regelfall einer übergeordneten, von der Rechtsordnung nicht gedeckten Ziel-

Eine einmalige Beleidigung ist noch kein Mobbing

setzung förderlich sind und jedenfalls in ihrer Gesamtheit das allgemeine Persönlichkeitsrecht, die Ehre oder die Gesundheit des Betroffenen verletzen.

Die Besonderheit liegt darin, dass nicht einzelne, abgrenzbare Handlungen, sondern die Zusammenfassung mehrerer Einzelakte in einem Prozess zu einer Verletzung des Persönlichkeitsrechts oder der Gesundheit des betroffenen Arbeitnehmers führen kann.

Mobbing-Handlungen können sein:

- Diskriminierung und Demütigung

- Tätlichkeiten

- sexuelle Belästigungen

- grundlose Herabwürdigung der erbrachten Arbeitsleistung

- soziale Isolierung

- Zuteilung nutzloser bzw. unlösbarer Aufgaben

- Maßnahmen, denen andere Kollegen nicht ausgesetzt sind

- sachlich nicht gerechtfertigte Arbeitskontrollen

Denken Sie hier ganz pragmatisch: Hat sich Ihr Arbeitgeber oder haben sich mehrere Belegschaftsmitglieder auf einen oder mehrere Kollegen aus Ihrem Gremium „eingeschossen", um psychischen Druck auszuüben und ihn oder sie zur Aufgabe der Betriebsratsarbeit oder sogar zur Kündigung zu drängen, und sind den Betriebsangehörigen dafür alle Mittel recht, dann liegt Mobbing vor.

Mobbing? Wehren Sie sich – aber richtig!

Wichtig: Fortgesetzte, schikanöse Handlungen sind unerlässlich
Ein vorgefasster Plan ist nicht erforderlich, aber einmalige Handlungen reichen auch nicht aus, um Mobbing zu begründen. Die beanstandeten Verhaltensweisen müssen fortgesetzt und schikanös sein. Bitten Sie daher alle vermeintlich betroffenen Kollegen darum, in sich zu gehen und sich zu fragen, ob es sich wirklich um fortgesetzte Handlungen oder vielleicht doch „nur" um einmalige Vorfälle handelte. Nicht jede unerwünschte Handlung ist gleich Mobbing.

Prüfen Sie einen Mobbing-Vorwurf. Tritt ein Arbeitnehmer mit einer Beschwerde an Sie heran, die auf Mobbing-ähnlichen Schwierigkeiten basiert, klären Sie im Gespräch mit ihm, ob Mobbing überhaupt in Betracht kommt. Das lässt sich bei Betriebsratsmitgliedern meist besser feststellen als bei Kollegen aus der Belegschaft, da Sie diese besser kennen und auch entsprechende Handlungen eher selbst miterleben. Ob in für Sie unklaren Fällen Mobbing vorliegt, können Sie anhand der folgenden Checkliste prüfen. Gehen Sie diese einfach Punkt für Punkt durch.

Checkliste: An diesen Punkten erkennen Sie Mobbing

Prüfpunkte	ja	nein
War der Kollege fortgesetzten, aufeinander aufbauenden Anfeindungen und Schikanen oder Diskriminierungen durch Ihren Arbeitgeber oder durch andere Betriebsangehörige ausgesetzt?	❏	❏
Kann der Kollege die einzelnen Vorfälle konkret benennen?	❏	❏
Gibt es Zeugen?	❏	❏
Handelt es sich um wiederholte Vorgänge?	❏	❏
Stehen die Vorgänge in einem zeitlichen Zusammenhang?	❏	❏
Kann er die Schaffung eines Mobbing-typischen feindlichen Umfelds darlegen?	❏	❏
Werden dadurch Rechte wie Persönlichkeitsrechte verletzt?	❏	❏

Checkliste: An diesen Punkten erkennen Sie Mobbing		
Prüfpunkte	ja	nein
Werden Entscheidungen des Betroffenen infrage gestellt?	❏	❏
Können „normale" Konflikte ausgeschlossen werden?	❏	❏

Beantworten Sie diese Fragen überwiegend mit „Ja", ist das ein Indiz dafür, dass der Kollege gemobbt wird.

2. Vorbeugen ist besser als heilen

Kommt ein Arbeitnehmer auf Sie zu, um Ihnen zu berichten, dass er gemobbt wird, oder stellen Sie entsprechende Tendenzen im Verhalten Ihres Arbeitgebers oder von Betriebsangehörigen fest, stellt sich die Frage, was Sie dagegen tun können. Keine Frage: Am besten ist es natürlich, wenn es gar nicht erst zu Mobbing-Handlungen kommt. Deshalb sollten Sie generell auf Prävention setzen.

Folgende vier Maßnahmen gehören dazu:

- Ermutigen Sie alle Kollegen, sich Mobbing nie gefallen zu lassen und sich im Verdachtsfall umgehend zu melden.

- Machen Sie immer wieder deutlich, dass Sie Mobbing nicht dulden und Betroffene mit allen Ihnen zur Verfügung stehenden Mitteln unterstützen werden.

- Verlangen Sie Schulungen der Führungskräfte Ihres Betriebs zu den Themen Mobbing und Konfliktmanagement.

- Richten Sie eine Beschwerdestelle für Mobbing ein und machen Sie diese publik. Denn sorgen Sie dafür, dass Mobbing in Ihrem

Betrieb allgemein weniger Chancen hat, erschweren Sie es auch Ihrem Arbeitgeber, Sie und Ihre Kollegen durch Anfeindungen und Schikanen zu belasten.

Tendiert Ihr Arbeitgeber allerdings zum Mobbing, insbesondere gegenüber den Arbeitnehmervertretungen, wird es gerade für Sie selbst oder betroffene Kollegen aus dem Gremium besonders schwer, entsprechende Anfeindungen gänzlich aus dem Weg zu räumen.

3. Die Betriebsvereinbarung als Mittel der Prävention

Mobbing kann nur wirksam bekämpft werden, wenn bei Ihnen klare und unmissverständliche Regelungen darüber bestehen, wie im Fall eines Mobbing-Vorwurfs reagiert werden soll. Hierzu bietet sich grundsätzlich der Abschluss einer entsprechenden Betriebsvereinbarung an. Halten Sie darin den Ablauf der arbeitsrechtlichen Maßnahmen fest, die getroffen werden sollen, wenn Mobbing festgestellt wird.

Als Arbeitnehmervertreter haben Sie bei den allgemeinen Regelungen über Mobbing ein Mitbestimmungsrecht nach § 87 Abs. 1 Nr. 1 BetrVG. Dieses sollten Sie nutzen, um vorbeugend tätig zu werden. Denn schaffen Sie klare Regelungen für Ihre Kollegen aus der Belegschaft, gelten diese schließlich auch für Sie als Betriebsrat.

4. Hier lauern Mobbing-Gefahren

Um Mobbing erfolgreich verhindern zu können, müssen Sie zunächst einmal wissen, welche Faktoren Einfluss auf das Entstehen von Mobbing nehmen. Diese Faktoren müssen dann vermieden werden.

Hier lauern Mobbing-Gefahren

a) Betriebliche Situationen

Grundsätzlich begünstigen ungelöste betriebliche Konfliktsituationen, Unsicherheiten und mangelnde Kompetenz und Organisation das Mobbing.

Das kann sich in vielerlei Hinsicht zeigen:

- Defizite im Führungsverhalten;

- Angst um den Arbeitsplatz;

- keine klaren Zuständigkeitsregelungen in Ihrem Betrieb;

- schlechte Personalpolitik (etwa unzureichende Überprüfung von Bewerbern auf Teamfähigkeit, Versetzung eines Mitarbeiters in eine Arbeitsgruppe, in die er typmäßig nicht passt);

- unzureichende innerbetriebliche Kommunikation;

- betriebliche Veränderungen (wie anstehende Beförderungen oder Änderungen in der Aufgabenverteilung).

> **TIPP: Entschärfen Sie solche Situationen kommunikativ**
> Bitten Sie Ihren Arbeitgeber, anstehende Veränderungen möglichst frühzeitig mit den betroffenen Mitarbeitern zu besprechen. So nimmt er ihnen die Angst vor Veränderungen, die häufig zu einer Ellenbogenmentalität bzw. zu Mobbing führt. Er eröffnet Kollegen dadurch grundsätzlich auch die Möglichkeit, über ihre Befürchtungen und Ängste zu sprechen.

b) Persönliche Aspekte

Die Ursache für Mobbing kann sowohl in der Person des Opfers als auch des Täters liegen. Leistungs- und Verhaltensmängel im

Arbeitsalltag auf Arbeitnehmerseite können ebenso Anlass für Mobbing werden wie der innere Widerstand gegen die Zusammenarbeit mit dem Betriebsrat auf Arbeitgeberseite.

Dennoch: Selbst bei nachvollziehbaren Motiven darf Ihr Arbeitgeber Mobbing-Aktivitäten nicht dulden – und schon gar nicht selbst forcieren. Er muss solche Vorgehensweise vielmehr aktiv abstellen oder mindestens auf die Beendigung drängen. Im Hinblick darauf hat er auch eine Fürsorgepflicht.

5. Wenn sich ein Kollege gemobbt fühlt

Trotz aller Prävention kann es zu Mobbing kommen. Tritt ein Belegschaftsmitglied an Sie heran, um Ihnen die Situation zu schildern, ist es oft schwierig, abzuschätzen, inwieweit es sich tatsächlich um echtes Mobbing handelt. Schließlich wissen Sie meist nicht im Detail, was wirklich passiert ist und welche Hintergründe das hat.

Wenn Sie und Ihre Gremiumskollegen das Gefühl haben, Mobbing-Opfer zu sein – Mobbing hat in den vergangenen Jahren immer häufiger auch Betriebsräte getroffen –, sollten Sie davon ausgehen, dass Sie als Betriebsratsmitglieder die Situation realistisch einschätzen. Zudem kennen Sie meist sämtliche Auseinandersetzungen mit Ihrem Arbeitgeber, sodass Sie die Gesamtsituation besser überblicken als bei so manchem Kollegen aus der Belegschaft.

Was sagt die andere Seite?

Haben Sie ausführlich mit dem Betroffenen gesprochen, müssen Sie Kontakt mit dem Beschuldigten aufnehmen, um seine Perspektive kennenzulernen. Wenn es sich um Ihren Arbeitgeber handelt und Ihr Verhältnis womöglich belastet ist, ist dies keine leichte Aufgabe: In dieser heiklen Konstellation müssen Sie ganz besonders darauf achten, dass man Ihnen später nicht nachsagt, Sie hätten voreilig Partei ergriffen.

Auch bei Ihren Kollegen aus dem Gremium, deren Situation Sie häufig wesentlich besser kennen als die Ihrer Kollegen in der Belegschaft, ist es deshalb wichtig, dass Sie der Sache durch konkrete Fragen auf den Grund gehen. Dies ist wichtig, damit Sie später nachweisen können, dass Sie versucht haben, sich einen „objektiven" Gesamtüberblick zu verschaffen.

Im Gespräch mit Ihrem Arbeitgeber oder einem mobbenden Vorgesetzten sollten Sie stets darauf achten, dass Sie Verständnis und Nähe aufbauen und sachlich bleiben – auch wenn die Emotionen hochkochen.

Suchen Sie nach der Ursache des Verhaltens

Treten Sie an den Beschuldigten heran und schildern Sie ihm den Vorwurf. Bleiben Sie hier aber in jedem Fall neutral und unterstellen Sie nicht voreilig, dass er die Kollegin oder den Kollegen wirklich gemobbt hat. Nur so lernen Sie auch die andere Seite kennen.

Orientieren Sie sich bei Ihrer Recherche an folgenden Fragen:

- Worum geht es in dem Streit?
- Wie ist der Verlauf des Konflikts?
- Welche Parteien sind beteiligt?
- Welche Machtpositionen haben die Beteiligten?
- Welche Beziehungen haben die Beteiligten zueinander?
- Welche Grundeinstellung zum Konflikt haben die Parteien?

Mobbing? Wehren Sie sich – aber richtig!

- Wird der Konflikt für lösbar gehalten?

- Was wird von einer Lösung erwartet?

Gerade bei Vorgesetzten sollten Sie zunächst versuchen, die Ursache seines Verhaltens herauszufinden:

- ein nicht zu ertragender Leistungsdruck;

- Arbeitsverdichtung, Stress oder Unzufriedenheit;

- Überforderung.

Sollte einer dieser Punkte zutreffen, dann ist das zwar keine Entschuldigung, aber eine Erklärung. Diese könnten Sie nutzen, um auf den Vorgesetzten zuzugehen und ihn beispielsweise schriftlich – aus Dokumentationszwecken – zu kontaktieren.

~ Beispiel: Kritik am Verhalten

Liebe Frau ... / lieber Herr ...,

mir ist aufgefallen, dass sich Ihr Aufgabenbereich in den vergangenen Monaten rasant erweitert hat. Sie haben sehr viel zu tun und tragen eine hohe Verantwortung.

Dass das Zwischenmenschliche dabei unter Umständen einmal zu kurz kommt, ist nachvollziehbar. Das sollte aber nicht sein. Ist Ihnen eigentlich aufgefallen, dass Sie sich gegenüber dem Kollegen ... in letzter Zeit wiederholt ... verhalten haben?

Führt ein solcher Dialog nicht zu einer Verbesserung der Situation, wenden Sie sich an die übergeordnete Ebene. Bestehen Sie darauf, dass sich die Führungskraft der Sache annimmt. Argumentieren Sie dabei damit, dass Ihr Arbeitgeber nach § 278 BGB für schuldhaft begangene

Persönlichkeitsrechtsverletzungen haftet.

Je nach Konstellation und Situation ist die direkte Ansprache in dieser Form auch sinnvoll, wenn Sie bereits genau wissen, welchen Hintergrund etwaige Mobbing-Vorfälle haben. Sie geben Ihrem Arbeitgeber dadurch die Chance, sein Gesicht zu wahren.

Steuern Sie gegen

Kommen Sie zu dem Schluss, dass Mobbing vorliegt, müssen Sie Gegenmaßnahmen ergreifen. Und zwar unabhängig davon, ob es sich um einen Ihrer Kollegen aus dem Gremium oder aus der Belegschaft handelt. Abgesehen von Ausnahmen wird es für Sie als Betriebsrat allerdings immer schwieriger werden, bei Ihren Betriebsratsmitgliedern für Besserung zu sorgen.

Achtung: Auf keinen Fall vorzeitig Partei ergreifen!
Auch zu diesem Zeitpunkt ist es nicht Ihre Aufgabe, Partei zu ergreifen oder Ihre Wertung der Dinge darzustellen. Gerade dann, wenn ein Betriebsratsmitglied betroffen ist, müssen Sie ganz besonders aufpassen. Einerseits berührt Sie der Fall eher als andere aus der Belegschaft, andererseits laufen Sie immer Gefahr, dass Ihr Arbeitgeber automatisch davon ausgeht, dass Sie nur Ihrem Kollegen glauben und ihn deshalb um jeden Preis verteidigen.

Ist die Beschwerde gerechtfertigt, sollten Sie den Betroffenen mit allen Mitteln verteidigen. Dabei müssen Sie aber immer glaubwürdig bleiben. Sie müssen Vorwürfe beweisen und Gegenmaßnahmen rechtfertigen können. Das geschieht in einem gemeinsamen Gespräch.

6. Bereiten Sie ein gemeinsames Gespräch vor

Ein bewährtes Mittel der Konfliktlösung ist, die Parteien zu einem gemeinsamen Gespräch zu bitten. Das gilt auch für Konflikte zwischen Ihrem Arbeitgeber und einem Kollegen. Ein solches Gespräch muss allerdings sehr gut vorbereitet sein. Arbeiten Sie deshalb mit dem Mobbing-Opfer vorher den folgenden Fragenkatalog ab:

- Durch welche Handlungen fühle ich mich beeinträchtigt?

- Wer übt diese Handlungen aus?

- Welcher Konflikt könnte sich dahinter verbergen?

- Wie stehe ich zu dem möglichen Konflikt?

- Welche Lösung halte ich für denkbar?

- Was wünsche ich mir in Zukunft im Umgang mit meinen Kollegen/Vorgesetzten?

Lassen Sie Ihren Arbeitgeber bzw. den Beschuldigten dann zu den Antworten Stellung nehmen. So wissen Sie schon vor dem gemeinsamen Gespräch, wo die Knackpunkte liegen und wo es eventuell zur Eskalation kommen könnte.

Dieses Vorgehen hat dabei noch einen weiteren Vorteil: Die Parteien haben sich durch das Gespräch mit Ihnen und aufgrund der Sachfragen schon mit dem Thema auseinandergesetzt und etwas Abstand gewonnen. Das erhöht die Chancen auf ein sachlicheres Gespräch.

💡 TIPP: Einsatz eines externen Moderators besprechen
Wenn einer Ihrer Kollegen Ihrem Arbeitgeber Mobbing vorwirft, kann es sinnvoll sein, einen externen Moderator für das Konfliktgespräch zu engagieren. Grundsätzlich sollte der Einsatz eines Externen immer in Betracht gezogen werden, wenn es sich um besonders schwerwiegende Mobbing-Vorwürfe handelt, etwa Gewalt oder sexuelle Belästigung unter Kollegen. Denn externe Dritte gehören keiner der Konfliktparteien an und sorgen dafür, dass die Gespräche so sachlich wie möglich geführt werden.

7. Die Waffen der Gemobbten: Leistungsverweigerungsrecht und Anspruch auf Unterlassung

Ein gemobbter Kollege kann sich gegen das Mobbing wehren. Zunächst sollte er versuchen, das schikanierende Verhalten zu unterbinden. Dies ist möglich, indem er von den Tätern verlangt, dieses Verhalten zukünftig zu unterlassen (§ 1004 BGB).

Führt das zu keiner Verbesserung des Verhaltens, hat das Mobbing-Opfer die Möglichkeit, sich auf das Allgemeine Gleichbehandlungsgesetz (AGG) zu berufen. Darin ist das Leistungsverweigerungsrecht verbrieft (§ 14 AGG). Zudem kann ein Entschädigungsanspruch (§ 15 AGG) geltend gemacht werden, wenn der Arbeitgeber untätig bleibt.

💡 TIPP: Fristen beachten
Auch für Ansprüche wegen Mobbings gelten etwaige arbeits- und tarifvertragliche Ausschlussfristen. Die Frist beginnt allerdings erst mit der zeitlich letzten Mobbing-Handlung.

8. Cybermobbing: So gehen Sie mit den neuen Formen des Mobbings richtig um

Immer häufiger findet Mobbing im digitalen Raum statt. Die schikanierenden Angriffe werden in den sozialen Netzwerken vorgenommen, aber auch per E-Mail oder über Internetseiten und sogar über das firmeneigene Intranet. Diese Form des Mobbings wird in der Regel als Cybermobbing bezeichnet. Treffen Mobbing und Cybermobbing zusammen, wird die Situation besonders schwierig.

Unter **Cybermobbing** ist die Beleidigung, Bedrohung, Bloßstellung oder Belästigung anderer Personen mithilfe neuer Kommunikationsmittel zu verstehen.

a) Unterschiede zwischen herkömmlichem Mobbing und Cybermobbing

Das systematische Anfeinden gibt es auch beim Cybermobbing. Im Gegensatz zum herkömmlichen Mobbing ist der Mobber allerdings beim Cybermobbing oft unbekannt.

Während man herkömmlichen Mobbing-Situationen noch in gewissem Rahmen aus dem Weg gehen kann, indem man die Abteilung oder sogar den Betrieb verlässt, hat man beim Cybermobbing keine Chance. Dieses geht auch nach der physischen Entfernung weiter. Zudem ist es für den Gemobbten beim Cybermobbing besonders schwer, dass die Anfeindungen unter Umständen von ihm Unbekannten eingesehen werden können.

b) So wehren sich Betroffene gegen Cybermobbing-Angriffe

In welcher Form sich ein Opfer gegen einen Cybermobbing-Angriff wehren kann, hängt in der Regel vom Einzelfall ab. Hat das Mobbing gerade erst begonnen, kann so manche zukünftige Handlung durch

Cybermobbing: So gehen Sie mit den neuen Formen des Mobbings richtig um

einfaches offenes Ansprechen und Bekanntmachen des Falles vermieden werden. Dabei können und sollten Sie als Betriebsrat betroffene Kollegen unterstützen.

Ist bekannt, wer hinter den Mobbing-Handlungen steht, sollte diese Person aufgefordert werden, ihr Verhalten umgehend zu ändern und weiteres Mobbing zu unterlassen. Dabei sollten Sie darauf achten, bei der Aufforderung eine Frist zu setzen, nach welcher weitere Maßnahmen – wie eine Abmahnung – eingeleitet werden.

Achtung: Sofortige Abmahnung ist auch möglich
Ihr Arbeitgeber kann, sofern der Mobber in Ihrem Betrieb angestellt ist, eine Abmahnung aussprechen. Das sollte Ihr Arbeitgeber auf jeden Fall in Erwägung ziehen, wenn der Mobber nicht umgehend auf die Aufforderung zur Unterlassung reagiert.

Ist der Mobber nicht bekannt, hat das Opfer die Möglichkeit, den Betreiber der entsprechenden Internetseite oder -Plattform aufzufordern, zu handeln. Sie können dem Mobbing-Opfer empfehlen, dafür zu sorgen, dass Inhalte gelöscht und im Zweifel auch Accounts geschlossen werden.

TIPP: Im Zweifel professionelle Unterstützung suchen
Erscheint Ihnen der Fall zu kompliziert oder äußert Ihr Kollege, dass er juristische Hilfe in Anspruch nehmen möchte, empfehlen Sie ihm, einen Rechtsanwalt einzuschalten. Dieser kann mithilfe der Polizei bzw. der Staatsanwaltschaft versuchen, herauszufinden, wer hinter den Cyberangriffen steckt.

c) Arbeitgeber hat Fürsorgepflicht

Eine wichtige Rolle bei der Prävention von Mobbing und Cybermobbing spielt Ihr Arbeitgeber aufgrund seiner Fürsorgepflicht. Es ist Aufgabe Ihres Arbeitgebers, frühzeitig einzuschreiten, wenn er Mobbing-Handlungen unter Kollegen feststellt. Zudem ist es seine Aufgabe, seine Führungskräfte und die Belegschaft auf die Gefahren, die von Mobbing ausgehen, und eventuelle Konsequenzen hinzuweisen. Stellen Sie sicher, dass er dieser Pflicht auch nachkommt.

9. Lassen Sie sich von Profis unterstützen

Mobbing ist ein schwieriges und heikles Thema. Mit diesem wird nicht jeder Betriebsangehörige ohne Weiteres umgehen können. Möchten Sie das Thema aufgreifen, sollten Sie ausreichende Vorkenntnisse haben und vorbereitet sein. Die im Folgenden genannten Stellen bieten Hilfe:

- Beratungstelefon der Arbeitsgemeinschaft „No Mobbing" (Zusammenschluss von AOK/DAK/KDA/Gesellschaft gegen psychosozialen Stress und Mobbing e. V.) Telefonnummer: 040/20230209

- Verein für Arbeitsschutz und Gesundheit durch systemische Mobbingberatung und Mediation e. V.; www.mobbing-net.de

- Verein gegen psychosomatischen Stress und Mobbing e. V.; www.vpsm.de

Wenn Ihr Arbeitgeber alle möglichen Anstrengungen unternimmt, um Sie als Betriebsrat oder einen Ihrer Mitstreiter „loszuwerden", sollten Sie nicht versuchen, sich selbst zu helfen. Auch als Betriebsrat sind Sie heute leider nicht mehr vor einer Kündigung gefeit. In derartigen Krisen und unter diesen Umständen benötigen Sie professionelle Hilfe. Das kann die Unterstützung eines Rechtsanwalts sein oder die einer Gewerkschaft.

Achten Sie bei der Auswahl des Rechtsanwalts darauf, dass dieser Erfahrung mit solchen Fällen hat. Suchen Sie sich möglichst einen Experten, der bekannt ist für seine Vertretungen im Betriebsverfassungsrecht sowie im individuellen und kollektiven Arbeitsrecht.

Rechtsschutzversicherung abschließen

Da sich die Fälle von Verfahren und Prozessen gegenüber Betriebsräten mehren, sind Sie sicherlich gut beraten, eine Rechtsschutzversicherung abzuschließen. Sind Sie bis dato noch nicht rechtsschutzversichert, sollten Sie unabhängig von vorliegenden Konflikten überlegen, sich zu versichern. Denn in der Regel können Sie eine Rechtsschutzversicherung erst nach einer Wartezeit von drei bis sechs Monaten in Anspruch nehmen.

Vorsicht bei der Presse- und Öffentlichkeitsarbeit

Besprechen Sie mit Ihren vertrauten Unterstützern auch Ihre Presse- und Öffentlichkeitsarbeit, genauso wie Ihr internes Selbstmarketing. Je nachdem, wie öffentlichkeitswirksam die Lage in Ihrem Betrieb ist, sollten Sie auch darüber nachdenken, die Presse- und Öffentlichkeitsarbeit gleich von Ihrem Rechtsanwalt mit erledigen zu lassen.

10. Vier Tipps für die Aufarbeitung eines Mobbing-Falls

Als Betriebsrat werden Sie häufig früher mit Mobbing konfrontiert als Ihr Arbeitgeber. Kollegen wenden sich Hilfe suchend an Sie oder Sie beobachten selbst Mobbing-Tendenzen. Für diesen Fall sollten Sie gerüstet sein. Die folgenden vier Tipps helfen Ihnen dabei.

Ansprechpartner im Gremium bestimmen

Es sollte ein Kollege im Gremium bestimmt werden, der bereit ist, die Gespräche mit Mobbing-Opfern zu führen. Wegen des unter Umständen hohen Zeitaufwands ist es sinnvoll, einen freigestellten Kollegen dafür zu benennen.

Mobbing? Wehren Sie sich – aber richtig!

Schulungen sind ein Muss

Der Mobbing-Verantwortliche sollte speziell zum Thema Mobbing geschult werden. Mobbing ist eine schwierige und heikle Materie. Nicht jeder sieht sich in der Lage, die Gesprächsführung zu übernehmen. Wollen Sie sich qualifiziert mit dem Thema Mobbing auseinandersetzen, sollten Sie sich unbedingt vorher ausreichende Kenntnisse aneignen.

Info-Material bereithalten

Halten Sie stets Informationsmaterial bereit, das sich das Opfer ausleihen kann. Denn können Sie einem Hilfesuchenden Informationen aushändigen, können Sie sofort etwas für ihn tun, ohne vorschnell Partei zu ergreifen.

Wichtige Ansprechpartner parat haben

Führen Sie eine Liste mit einigen Adressen von Ärzten und Therapeuten, um diese an mögliche Mobbing-Opfer auszugeben. Zudem sollten Sie einen auf Mobbing spezialisierten Rechtsanwalt benennen können.

VI Was Sie als Betriebsrat über Union Busting wissen müssen

Union Busting ist eine in den USA offen auftretende Branche, die systematisch die Mitbestimmung und die gewerkschaftliche Organisation bekämpft. Die Methoden sind inzwischen auch hier angekommen: So manch ein Arbeitgeber setzt auf inszenierte Kündigungsgründe oder unzulässige Spitzelmethoden, um den Betriebsrat zu gängeln, seine Arbeit zu behindern und ihn bestenfalls so zu zermürben, dass er sein Amt niederlegt.

Das Ziel ist in den meisten Fällen, sich die größtmögliche unternehmerische Gestaltungsfreiheit zu verschaffen. Meist geht es den Arbeitgebern zudem darum, ihre Belegschaft unter Kosten- und Effizienzgesichtspunkte optimal zu gestalten.

1. Arbeitgeber wollen freier handeln können

Freieres Handeln bedeutet für die Arbeitgeberseite letztlich, weniger Rücksicht auf die Belange der Belegschaft nehmen zu müssen. Konkrete Ziele sind die Senkung des Lohnniveaus und der flexiblere Umgang mit der menschlichen Arbeitskraft. Arbeitgeber arbeiten dabei meist eng mit spezialisierten Kanzleien zusammen, die jeden noch so kleinen vermeintlichen Fehler insbesondere von Arbeitnehmervertretern zum Anlass nehmen, Abmahnungen auszusprechen und Kündigungen zu rechtfertigen.

Etwaige Berater des Arbeitgebers und des Managements treten dabei sehr unauffällig auf. Häufig wenden sie sich an Personen, die aufgrund ihrer Position enger mit dem Betriebsrat zu tun haben. Diese werden gezielt gecoacht, damit sie später einen erreichten Status quo in der Belegschaft schwächen sowie die Mitbestimmung und Beteiligung angreifen können, um schlussendlich jegliche Organisationsbemühungen der Belegschaft im Keim zu ersticken.

2. Arbeitgeber wollen Betriebsrat zum Aufgeben zwingen

Arbeitgeber und Berater versuchen, den Betriebsrat zu zermürben, um ihn loszuwerden. Mittel zum Zweck ist zunächst das Aufweichen der Solidarität zwischen dem Betriebsrat und der Belegschaft. Dabei gehen Arbeitgeber gezielt gegen einzelne Meinungsführer in der Belegschaft vor und versuchen zudem, den Betriebsrat durch gezielte Negativpropaganda sozial zu isolieren.

Parallel dazu belasten sie den Betriebsrat durch Briefe und Abmahnungen mit ungerechtfertigten und zermürbenden Vorwürfen. Manche Betriebsräte werden dadurch psychisch so sehr belastet, dass sie einer Versetzung zuzustimmen.

Lässt sich ein Betriebsrat von solchen Handlungen zumindest nach außen hin nicht allzu sehr beeindrucken, kann der Arbeitgeber ihn durch die Androhung einer – in der Regel nicht durchsetzbaren – Schadenersatzforderung einschüchtern. Die nächste Eskalationsstufe ist dann das Inszenieren und Vortäuschen von Kündigungsgründen.

3. Selbstsicheres Auftreten ist das A und O

Wenn Sie als Betriebsrat in eine vergleichbare Situation geraten, sollten Sie Ihrem Arbeitgeber selbstbewusst entgegentreten, indem Sie sich zunächst an die Belegschaft, später auch an die Öffentlichkeit wenden. Klären Sie Ihre Kollegen in der Belegschaft spätestens zu diesem Zeitpunkt über die Anfeindungen auf. Nur, wenn die Problematik allgemein bekannt ist, können sich Ihre Kollegen mit Ihnen gemeinsam für Ihre Beteiligungsrechte einsetzen.

Sollten Sie dabei harsche Kritik an den Gesetzesverstößen Ihres Arbeitgebers üben, kann Ihnen das später nicht zum Vorwurf gemacht werden. Denn auch schwere Kritik ist durch die Meinungsfreiheit gedeckt.

4. Ihr Arbeitgeber sollte um seinen Ruf fürchten

Social Media werden heutzutage von nahezu jedem genutzt. Sie bieten ebenso wie Firmenbewertungsportale eine Plattform, um das Vorgehen Ihres Arbeitgebers publik zu machen. Starten Sie eine solche Kampagne, kann – sofern Sie und Ihre Kollegen aus der Belegschaft die Anfeindungen glaubhaft machen können – ein irreversibler Image-Verlust die Folge sein, der ihm langfristig schaden wird.

💡 TIPP: Handeln Sie als Betriebsrat nicht vorschnell
Als Betriebsrat sollten Sie sich ein solches Vorgehen sehr genau überlegen: Dieser Schritt ist nur als Ultima Ratio zu wählen. Schließlich tragen Sie unter Umständen selbst einen Schaden davon. Denn ergeben sich aus Ihrer Kampagne erhebliche wirtschaftliche Einbußen für Ihren Betrieb, könnte sich dies auf längere Sicht negativ auf die Arbeitsbedingungen auswirken. Davon sind dann alle betroffen.

Außerdem ist es vermutlich schwierig, nach einer so schwerwiegenden Auseinandersetzung noch einmal vertrauensvoll zusammenzuarbeiten.

5. Setzen Sie auf die Vernunft Ihres Arbeitgebers

Bevor Sie Ihren Arbeitgeber öffentlich bloßstellen, geben Sie ihm besser die Chance, sein Verhalten zu ändern. Fordern Sie ihn durch ein klares Schreiben ausdrücklich dazu auf, sämtliche unangemessenen Verhaltensweisen und Maßnahmen zu unterlassen. Drohen Sie ihm dabei auch an, gerichtliche Schritte einzuleiten, wenn er der Aufforderung nicht nachkommen sollte.

> **TIPP: Lassen Sie sich unterstützen**
> Da Ihr Arbeitgeber sich vermutlich während der gesamten Kampagne von spezialisierten Beratern hat unterstützen lassen, sollten Sie spätestens, wenn Sie selbst aktiv werden, auch auf professionelle Unterstützung setzen.

6. Lassen Sie sich die Kosten erstatten

Je nachdem, ob Sie als ganzes Gremium oder als Einzelperson betroffen sind, können Sie sich Kosten erstatten lassen – oder nicht.

Immer wenn es um das Gremium geht, muss Ihr Arbeitgeber die Kosten tragen. Sie als Betriebsrat haben lediglich einen Betriebsratsbeschluss nach § 40 Abs. 2 BetrVG zu fassen.

Lassen Sie sich die Kosten erstatten

Gehen die Anfeindungen – wie in der Praxis häufig der Fall – gegen Sie als Person, müssten Sie die Kosten für einen Sachverständigen selbst zahlen. Haben Sie eine Rechtsschutzversicherung sollten Sie prüfen, ob diese Ihnen eine Deckungszusage für Ihr Anliegen erteilt. Sollten Sie die Kosten nicht tragen wollen, unterstützt Sie unter Umständen die Gewerkschaft. Fragen Sie am besten frühzeitig nach, welche Möglichkeiten es gibt.

VII So wehren Sie sich erfolgreich gegen eine Betriebsratskündigung

Die Ursachen für Kündigungen haben in der Regel mit der Betriebsratsarbeit nichts zu tun und sind teilweise auch tatsächlich begründet. Dennoch gibt es nicht wenige Arbeitgeber, denen – wenn sie einen Betriebsrat wirklich loswerden wollen – jede Chance recht ist und die nach Gelegenheiten suchen, eine Kündigung auszusprechen. Die Hürden sind hoch. Aber: Wo ein Wille ist, ist oft auch ein Weg. Will ein Arbeitgeber eine Kündigung durchsetzen, wird er diese unter Umständen sogar aussprechen, wenn er weiß, dass sie unwirksam ist.

Kündigungen wegen Meinungsäußerungen gehören dabei zum Standardrepertoire. Es kommt immer wieder vor, dass Arbeitgeber Betriebsräten vorwerfen, sie hätten den Arbeitgeber beleidigt oder ein Betriebsgeheimnis an einen Dritten weitergetragen. Dadurch haben sie nach Ansicht der Arbeitgeber gegen das Gebot der vertrauensvollen Zusammenarbeit verstoßen. Meist scheitern die Arbeitgeber mit derartigen Konstruktionen vor Gericht. Nichtsdestotrotz kosten sie Sie als Betriebsrat zunächst Zeit, Nerven und Kraft. Deshalb sollten Sie versuchen, das Konfliktpotenzial zu minimieren.

> **TIPP: Kommen Sie Ihren Pflichten stets nach**
> Als Betriebsrat bleibt Ihnen in einer solch schwierigen Zeit nur eins: Bieten Sie Ihrem Arbeitgeber so wenig Angriffsfläche wie möglich. Kommen Sie Ihren Verpflichtungen aus dem Amt und dem Arbeitsverhältnis stets nach. Sorgen Sie vor allem dafür, dass Sie Verschwiegenheitspflichten und Geheimhaltungspflichten einhalten. Zeigen Sie sich kooperativ und arbeiten Sie vor allem auch in schwierigen Situationen kooperativ mit Ihrem Arbeitgeber zusammen.

Das Gute ist: Als Betriebsrat profitieren Sie von einem besonderen Kündigungsschutz (§ 15 Abs. 1 KSchG): Sie können nur außerordentlich gekündigt werden, wobei eine solche außerordentliche Kündigung an viele Voraussetzungen gebunden ist. Für Betriebsräte gilt zudem in diesem Fall § 103 BetrVG: Zu den üblichen strengen Voraussetzungen kommt noch eine spezielle Anhörung des Betriebsratsgremiums hinzu.

Das alles hat – wie die Rechtsprechung der letzten Jahre zeigt – allerdings so manchen Arbeitgeber nicht davon abgehalten, auch Betriebsräte erfolgreich zu kündigen. Als Betriebsrat sollten Sie deshalb die Voraussetzungen, die an eine Kündigung von Ihnen bzw. Ihrer Gremiumskollegen gestellt werden, en detail kennen. Auch im eigenen Interesse. Nur so werden Sie Ihre Kollegen – wenn nötig – gut vertreten können.

1. Voraussetzungen des § 103 BetrVG

Nach § 103 BetrVG ist Voraussetzung für eine außerordentliche Kündigung, dass – wie bei jeder anderen außerordentlichen Kündigung auch – ein wichtiger Grund für die Kündigung vorliegt, der die Fortführung des Arbeitsverhältnisses unzumutbar macht. Maßgeblich ist der Einzelfall: Es ist festzustellen, ob ein bestimmtes Verhalten unter Berücksichtigung der konkreten Umstände ausreicht, eine außerordentliche Kündigung zu rechtfertigen.

Eine außerordentliche Kündigung – auch gegenüber Ihnen als Betriebsrat – ist vor allem in den folgenden Fällen zulässig und deshalb meist auch durchsetzbar:

- Straftaten wie Diebstahl oder Betrug im Betrieb

- tätliche Angriffe auf Vorgesetzte und Kollegen

- Arbeitszeitbetrug

So wehren Sie sich erfolgreich gegen eine Betriebsratskündigung

- Arbeitsverweigerung in gravierenden Fällen (etwa beharrliches Blaumachen)
- Vortäuschen einer Arbeitsunfähigkeit
- inkorrekte Spesenabrechnungen
- Verrat von Geschäfts- bzw. Betriebsgeheimnissen
- schwere Beleidigungen

Im Grundsatz gilt: Die Fortsetzung des Arbeitsverhältnisses muss unzumutbar sein. Bei der außerordentlichen Kündigung müssen zudem drei Voraussetzungen erfüllt sein.

1. Voraussetzung: Die Beteiligung des Betriebsrats ist Pflicht

Als Betriebsratsgremium sind Sie nach § 103 BetrVG anzuhören, wenn Ihr Arbeitgeber Gremiumskollegen kündigen will. Ihr Arbeitgeber wird Sie dabei um die Zustimmung zur Kündigung nach § 103 Abs. 1 BetrVG bitten, da die Zustimmung des Betriebsratsgremiums zur außerordentlichen Kündigung vorliegen muss.

Sie haben drei Möglichkeiten, auf eine solche Anhörung zu reagieren:

- Sie verweigern die Zustimmung (siehe Muster).
- Sie schweigen.
- Sie stimmen zu.

Ihre Reaktion müssen Sie Ihrem Arbeitgeber, wie bei anderen außerordentlichen Kündigungen auch, innerhalb von drei Tagen zukommen lassen.

Musterbrief: Zustimmungsverweigerung

Der Betriebsrat der …

An die Geschäftsleitung der …

Beabsichtigte außerordentliche Kündigung von …

Sehr geehrte Frau …, sehr geehrter Herr …,

Sie haben dem Betriebsrat am … mitgeteilt, dass Sie beabsichtigen, das Betriebsratsmitglied … nach § 103 BetrVG i. V. m. § 626 BGB zu kündigen.

Der Betriebsrat hat sich in seiner heutigen außerordentlichen Sitzung mit dieser Frage beschäftigt. Er hat den Beschluss gefasst, der beabsichtigten außerordentlichen Kündigung die Zustimmung zu verweigern.

Sie stützen Ihre Kündigung allein auf die belastenden Aussagen der Arbeitnehmerin … . Diese behauptet zwar, die entsprechenden Unterlagen in der Altpapiertonne gefunden zu haben. Einen entsprechenden Beweis dafür, wie etwa ein Foto des Fundortes, hat sie allerdings nicht geliefert.

Der Kollege … stellt dem zudem entgegen, dass er die entsprechenden Unterlagen sicher nicht entsorgt hat.

Diese Aussage haben Sie bei Ihren Kündigungsüberlegungen überhaupt nicht berücksichtigt. Auch die weiteren entlastenden Indizien, wie die Tatsache, dass auch andere Arbeitnehmer Zugang zu den Unterlagen hatten, haben sie in keinster Weise berücksichtigt.

So wehren Sie sich erfolgreich gegen eine Betriebsratskündigung

> Bei Berücksichtigung aller Umstände fehlt es jedoch an den für eine solche Verdachtskündigung notwendigen starken Verdachtsmomenten, die auf objektiven Tatsachen basieren.
>
> Freundliche Grüße
>
> ....
> (Unterschrift Betriebsratsvorsitzender)

Stimmen Sie nicht zu oder reagieren Sie nicht, kann Ihr Arbeitgeber beim Arbeitsgericht einen Antrag auf Ersetzung der Entscheidung stellen (§ 103 Abs. 2 BetrVG). Dass dies erfolgreich sein kann, zeigen die folgenden richterlichen Entscheidungen (siehe VII 2. – 4.):

- Das Landesarbeitsgericht (LAG) Köln hatte über eine Verdachtskündigung zu entscheiden, die ein Betriebsratsmitglied betraf. Die Richter des LAG Köln konnten die Zustimmung des Betriebsrats nur ersetzen, weil die Voraussetzungen einer außerordentlichen Verdachtskündigung gegeben waren. Videoaufnahmen hatten das Gericht davon überzeugt, dass der Arbeitnehmer des Diebstahls zu verdächtigen war. Es ging davon aus, dass der Arbeitnehmer eine schwerwiegende Pflichtverletzung begangen hatte (LAG Köln, 6.7.2018, Az. 9 TaBV 47/17).

- Das Arbeitsgericht (ArbG) Stuttgart ersetzte die Zustimmung des Betriebsrats mit der Begründung, dass ein außerordentlicher Kündigungsgrund vorläge (ArbG Stuttgart, 5.4.2016, Az. 12 BV 64/15).

- Ein weiteres Beispiel für eine wirksame Kündigung eines Betriebsrats liefert das Bundesarbeitsgericht (BAG, 25.4.2018, Az. 2 AZR 401/17).

Aber es gibt auch Beispiele, in denen sich ein Arbeitgeber mit einem Kündigungsvorhaben nicht durchsetzen konnte – wie bei der Entscheidung des LAG Mecklenburg-Vorpommern (LAG Mecklenburg-Vorpommern, 10.07.2018, Az. 2 TaBV 1/18) (siehe VII 5.).

👁 Achtung: Betroffene Kollegen nicht beteiligen
Der betroffene Kollege darf bei der Beratung und Abstimmung über die Zustimmung bzw. Verweigerung der Zustimmung zur Kündigung nicht anwesend sein. Für diesen Fall haben Sie ein Ersatzmitglied zu laden.

2. Voraussetzung: Eine Interessenabwägung ist durchzuführen

Ihr Arbeitgeber hat bei außerordentlichen Kündigungen unter Berücksichtigung der konkreten Umstände des Einzelfalls eine Interessenabwägung vorzunehmen. Hier müssen Sie vor allem prüfen, ob die Fortsetzung des Arbeitsverhältnisses bis zum Ablauf der Kündigungsfrist gegebenenfalls auch unter geänderten Bedingungen zumutbar ist.

Konkret heißt das im Umkehrschluss, dass nicht zumutbare Tatsachen vorliegen müssen, aufgrund derer Ihr Arbeitgeber unter Berücksichtigung aller Umstände des Einzelfalls und unter Abwägung der Interessen beider Vertragsparteien das Arbeitsverhältnis nicht mehr fortsetzen kann.

Bei der Interessenabwägung sollten Sie folgenden Punkte berücksichtigen:

- Art und Schwere der Verfehlung
- Wiederholungsgefahr
- Grad des Verschuldens
- Lebensalter des Arbeitnehmers
- Folge der Auflösung des Arbeitsverhältnisses

So wehren Sie sich erfolgreich gegen eine Betriebsratskündigung

- Größe des Betriebs

- Betriebszugehörigkeitsdauer

Achten Sie im Rahmen Ihrer Anhörung darauf, dass Ihr Arbeitgeber auch entlastende Faktoren berücksichtigt. Dazu zählen beispielsweise eine lange, vertrauensvolle Zusammenarbeit oder auch extreme Belastungssituationen des Betroffenen, etwa ein Todesfall in der Familie oder eine Scheidung. Denn in solchen Situationen handelt manch einer schlicht irrational.

3. Voraussetzung: Ausschlussfrist von zwei Wochen

Nach § 626 Abs. 2 Satz 1 BGB kann eine außerordentliche Kündigung aus wichtigem Grund nur innerhalb von zwei Wochen erfolgen. Diese Frist ist eine sogenannte Ausschlussfrist. Das heißt: Das Versäumen führt zur Unwirksamkeit der außerordentlichen Kündigung.

Einige Betriebsräte sind in der Praxis unsicher, wann konkret diese Frist beginnt. Grundsätzlich gilt: Die Frist beginnt, sobald Ihr Arbeitgeber eine zuverlässige und möglichst vollständige positive Kenntnis von den für die Kündigung maßgebenden Tatsachen hat (§ 626 Abs. 2 Satz 2 BGB).

Das heißt im Umkehrschluss: Die Ausschlussfrist beginnt solange nicht, wie die zur Aufklärung des Kündigungssachverhalts nach pflichtgemäßem Ermessen notwendigen Maßnahmen nicht durchgeführt wurden.

Der Beginn der Ausschlussfrist darf nicht länger als unbedingt notwendig hinausgeschoben werden. Gibt Ihr Arbeitgeber einem Betroffenen aber die Möglichkeit, eine Stellungnahme abzugeben, ist die Frist gehemmt. Das heißt: Die Frist läuft nicht, denn solche Maßnahmen dienen der Sachverhaltsaufklärung.

> **Wichtig: Im Zweifel trägt Ihr Arbeitgeber die Beweislast**
> Für die Einhaltung der Ausschlussfrist des § 626 Abs. 2 BGB ist die Seite darlegungs- und beweispflichtig, die die Kündigung erklärt – bei außerordentlichen fristlosen Kündigungen also der Arbeitgeber.

2. Beispielfall 1: Arbeitgeber verdächtigt Lagerarbeiter des Diebstahls

Der Arbeitgeber, ein Computer-Großhändler, stellte im Oktober 2016 das Fehlen von 80 Festplatten im Wert von 24 000 Euro fest. Er wertete deshalb die Aufnahmen der Videoüberwachungsanlage aus. Dabei fiel ihm das Verhalten eines Lagermitarbeiters auf. Die Videoaufnahmen zeigten, wie dieser eine Warensendung mit Festplatten aus dem Aufnahmebereich der Kamera schob und daran hantierte. Wenig später war zu erkennen, dass auf der Palette Kisten fehlten. Zudem zeigten Videoaufnahmen, wie der Arbeiter mit einem größeren Karton das Lager verließ. Der Arbeitgeber stellte den Arbeitnehmer daraufhin zur Rede und konfrontierte ihn mit den Ergebnissen seiner Auswertung. Letzterer konnte sein Vorgehen jedoch nicht erklären.

a) Arbeitgeber will Arbeitnehmer fristlos kündigen

Der Arbeitgeber wollte dem Arbeitnehmer deshalb kündigen. Da dieser aber Mitglied des Betriebsrats war, blieb dem Arbeitgeber wegen des bestehenden Sonderkündigungsschutzes nur der Weg der außerordentlichen Kündigung. Der Arbeitgeber bat deshalb zunächst das Betriebsratsgremium um Zustimmung zur fristlosen Kündigung. Dieses verweigerte die Zustimmung, weil es den Diebstahlsverdacht für nicht stichhaltig hielt. Daraufhin klagte der Arbeitgeber auf Ersetzung der Zustimmung des Betriebsrats.

So wehren Sie sich erfolgreich gegen eine Betriebsratskündigung

b) Gericht ersetzt die Zustimmung

Die Entscheidung: Der Arbeitgeber bekam Recht. Das Gericht ersetzte die Zustimmung des Betriebsrats. Es hielt die außerordentliche Kündigung des Betriebsratsmitglieds für gerechtfertigt. In ihrer Begründung stellten die Richter klar, dass aus ihrer Sicht der begründete Tatverdacht bestehe und damit eine außerordentliche Kündigung als Verdachtskündigung gerechtfertigt sei. Zu diesem Ergebnis kamen sie aufgrund der Auswertung der Videoaufnahmen im Zusammenhang mit einem Abgleich des Warenwirtschaftssystems. Daraus schloss das Gericht, dass hinreichend dringende Indizien dafür vorlagen, dass der Arbeitnehmer 80 Festplatten entwendet habe.

c) Außerordentliche Verdachtskündigung setzt wichtigen Grund voraus

Ihr Arbeitgeber darf eine Verdachtskündigung grundsätzlich nur aussprechen, wenn er einen ganz konkreten Tatverdacht hat. Ein solcher ist beispielsweise gegeben, wenn – wie hier – Eigentums- oder Vermögensdelikte zu seinem Nachteil begangen wurden. Liegt ein solcher Verdacht vor, müssen Sie – sofern Sie einer Kündigung nicht zugestimmt haben – damit rechnen, dass ein Gericht auf Antrag Ihres Arbeitgebers hin Ihre Zustimmung ersetzt.

Achtung: Frist berücksichtigen

Stellt Ihr Arbeitgeber einen solchen Antrag, ist zu berücksichtigen, dass die Frist nach § 626 Abs. 2 BGB weiterläuft. Danach muss eine außerordentliche Kündigung innerhalb von zwei Wochen nach Kenntnis der Tatsachen, auf die die Kündigung gestützt wird, ausgesprochen werden. Passiert das nicht, ist die Kündigung unwirksam.

Damit Sie sich ein eigenes Bild von einer Kündigung machen können, muss Ihr Arbeitgeber vollumfänglich über die Gründe unterrichten. Sie sollten zudem im Rahmen Ihrer Anhörung prüfen, ob alle Voraussetzungen für eine fristlose Kündigung vorliegen und nicht etwa wenig stichhaltige Gründe angeführt werden, um einen Kollegen bequem „loszuwerden." Das gilt vor allem auch für Ihre Gremiumskollegen.

3. Beispielfall 2: Betriebsrätin verletzt Überwachungspflicht – Kündigung wirksam

Eine Betriebsrätin war seit ihrer im Jahr 2012 abgeschlossenen Ausbildung zur examinierten Gesundheits- und Krankenpflegerin für ihre Arbeitgeberin als Krankenpflegerin tätig. Während einer ihrer Nachtschichten auf der Überwachungsstation im November 2016 verstarb eine Patientin.

Die Arbeitgeberin war der Ansicht, dass der Tod der Patientin darauf zurückzuführen sei, dass die Betriebsrätin ihre Überwachungspflichten in schwerwiegender Weise verletzt habe. Sie wollte das Arbeitsverhältnis mit der Betriebsrätin deshalb außerordentlich kündigen. Der Betriebsrat verweigerte allerdings die Zustimmung dazu.

Er begründete die Ablehnung der Zustimmung damit, dass es an dem für eine außerordentliche Kündigung notwendigen wichtigen Grund fehle. Nach seiner Meinung war das Fehlverhalten im Rahmen der Überwachungspflicht auf eine Überlastung des Pflegepersonals zurückzuführen. Da dessen Überlastung ursächlich sei, liege kein wichtiger Grund vor, argumentierte das Gremium.

Das wollte die Arbeitgeberin nicht hinnehmen. Sie beantragte deshalb die gerichtliche Ersetzung der Zustimmung beim Arbeitsgericht Stuttgart – mit Erfolg.

So wehren Sie sich erfolgreich gegen eine Betriebsratskündigung

a) Schwerwiegende Verletzung der Überwachungspflichten

Die Entscheidung: Das Arbeitsgericht Stuttgart entschied zugunsten der Arbeitgeberin und ersetzte die Zustimmung des Betriebsrats zur außerordentlichen Kündigung. Das Gericht stellte klar, dass die Verletzung der Überwachungspflichten hier einen wichtigen Grund darstelle. Die außerordentliche Kündigung sei deshalb gerechtfertigt.

b) Versäumt, ärztliche Hilfe zu holen

Ein Problem, das sich in der Situation gestellt hatte, war, dass die Betriebsrätin die Vitalzeichen der Patientin nicht mehr maschinell überprüfen konnte. Als sie dies feststellte, hätte sie – nach Meinung des Gerichts – umgehend ärztliche Hilfe anfordern müssen. Das hatte sie jedoch nicht getan. Dieses Versäumnis wurde in der Entscheidung zu ihren Lasten als schwerwiegende Verletzung der Überwachungspflichten gewertet.

4. Beispielfall 3: Betriebsrat wird für die Konkurrenz tätig – Kündigung wirksam

Ein Arbeitnehmer arbeitete als Fachverkäufer für Waffen und Munition. Zudem bildete er den einköpfigen Betriebsrat des Unternehmens. Der Arbeitgeber stellte fest, dass der Arbeitnehmer unerlaubterweise auch für einen Wettbewerber arbeitete. Das wollte er nicht tolerieren.

a) Gericht ersetzt die Zustimmung

Da es sich um den einzigen Betriebsrat handelte, stellte der Arbeitgeber beim Arbeitsgericht einen Antrag auf Ersetzung der Zustimmung des Betriebsrats zur fristlosen Kündigung. Das Arbeitsgericht ersetzte die Zustimmung und der Arbeitgeber kündigte dem Betriebsrat fristlos. Dieser hielt die Kündigung für unwirksam. Er zog vor Gericht – allerdings ohne Erfolg.

b) Arbeit für einen Wettbewerber kostet den Arbeitsplatz

Die Entscheidung: Das Gericht hielt die fristlose Kündigung für wirksam. Die Richter entschieden, dass das Vorgehen des Arbeitgebers richtig war. Er konnte direkt beim Arbeitsgericht die Ersetzung der Zustimmung des Betriebsrats beantragen. Das begründeten sie damit, dass der einzige Betriebsrat schließlich nicht in eigener Angelegenheit habe entscheiden können. Das Gericht stellte in dieser Entscheidung zudem klar, dass der Arbeitgeber die einzuhaltende Zwei-Wochen-Frist gewahrt habe.

5. Beispielfall 4: Entlastende Indizien sind zu würdigen

Der Arbeitgeber warf einer Arbeitnehmerin, die als Oberärztin bei ihm tätig war, vor, wichtige Patientenunterlagen nicht vorschriftsmäßig entsorgt zu haben. Der Arbeitgeber hatte diese Unterlagen jedoch nicht selbst gefunden oder gesehen, sondern nur den Hinweis einer Nachbarin der Arbeitnehmerin erhalten. Diese behauptete, Patientenunterlagen, die mit Gesprächsvermerken versehen waren, in der Altpapiertonne gefunden zu haben. Als sie sich bei dem Arbeitgeber meldete, soll der Fund allerdings bereits anderthalb Jahre her gewesen sein.

Die Arbeitnehmerin hielt den Behauptungen ihrer Nachbarin entgegen, dass sie die Unterlagen definitiv nicht weggeworfen habe. Sie schloss zudem aus, die Unterlagen mit nach Hause genommen zu haben. Sie vermutete, dass der Arbeitgeber sie aus ihrem Beschäftigungsverhältnis drängen wolle.

So wehren Sie sich erfolgreich gegen eine Betriebsratskündigung

a) Arbeitgeber glaubt Zeugin und will außerordentlich kündigen

Der Arbeitgeber hielt die Behauptungen der Nachbarin für wahr. Er sah sich deshalb gezwungen, der Arbeitnehmerin zu kündigen. Diese war allerdings neben ihrer Arbeit als Ärztin als Betriebsrätin tätig. Deshalb blieb ihm lediglich der Weg einer außerordentlichen Verdachtskündigung wegen einer schwerwiegenden Vertragsverletzung. Wegen der Betriebsratstätigkeit der Arbeitnehmerin benötigte der Arbeitgeber zudem die Zustimmung des Betriebsratsgremiums zur außerordentlichen Kündigung. Diese verweigerte der Betriebsrat. Der Arbeitgeber zog deshalb vor Gericht, um die Zustimmung ersetzen zu lassen – allerdings ohne Erfolg.

b) Gericht kippt Verdachtskündigung

Die Entscheidung: Das Gericht hielt die außerordentliche Verdachtskündigung für nicht gerechtfertigt. Dies begründeten die Richter damit, dass eine solche Kündigung voraussetzt, dass zum Zeitpunkt der Kündigung starke Verdachtsmomente gegeben seien, die sich auf objektive Tatsachen gründen. Diese müssen geeignet sein, das für die Fortsetzung des Arbeitsverhältnisses erforderliche Vertrauen zu zerstören. Zudem muss der Arbeitgeber alle Möglichkeiten der Aufklärung des Sachverhalts ausgeschöpft haben. Davon ging das Gericht hier nicht aus.

Die Richter entschieden, dass der Arbeitgeber bei seiner Kündigung lediglich die belastenden Vorwürfe der Nachbarin berücksichtigt habe. Die entlastenden Indizien habe er hingegen nicht in ausreichendem Maß gewürdigt. Vor allem habe er nicht berücksichtigt, dass auch andere Arbeitnehmer Zugang zu diesen Unterlagen hatten. Auch die Behauptung der Beschäftigten, dass sie ihm die Unterlagen teilweise zur Auswertung überlassen habe, habe er nicht entkräftet.

6. Wann und wie Sie reagieren müssen

Auch als Betriebsrat haben Sie sich im Fall einer fristlosen Kündigung zu beeilen. Statt einer ganzen Woche haben Sie lediglich drei Tage Zeit, Ihre Stellungnahme zu verfassen. Das hat zur Folge, dass Ihr Arbeitgeber Sie spätestens am 10. Tag nach Kenntnisnahme des Kündigungsgrunds anhören muss (§§ 102, 103 BetrVG).

Mit der folgenden Checkliste können Sie prüfen, ob Sie eine außerordentliche Kündigung kippen können.

Checkliste: Außerordentliche Kündigung gerechtfertigt?	
Prüfpunkt	Check
Liegt ein wichtiger Grund vor?	❏
Hat Ihr Arbeitgeber eine umfassende Interessenabwägung vorgenommen?	❏
Hat Ihr Arbeitgeber Sie angehört (§ 102 BetrVG bzw. bei Kollegen § 103 BetrVG)?	❏
Hat Ihr Arbeitgeber die Zwei-Wochen-Frist eingehalten?	❏
Hat Ihr Arbeitgeber schriftlich gekündigt?	❏
Ist Ihrem Kollegen die schriftliche Kündigung zugegangen?	❏
Können Sie nicht alle Fragen mit „Ja" beantworten, hat der Kollege womöglich die Chance, sich erfolgreich gegen die Kündigung zu wehren.	❏

7. Überblick: Geschützter Personenkreis nach § 15 KSchG

Wer unter den Schutz des § 15 KSchG fällt, dem darf nicht ordentlich gekündigt werden. Allerdings hält dieser Schutz nicht ewig. Wer wie lange von dem Schutz profitiert, zeigt die folgende Tabelle.

So wehren Sie sich erfolgreich gegen eine Betriebsratskündigung

Übersicht: Wer profitiert wie lange vom Kündigungsschutz?	
Geschützte Personen	**Norm**
Betriebsrat während der Amtszeit	§ 15 Abs. 1 Satz 1 KSchG
Betriebsrat innerhalb eines Jahres nach Ende der Amtszeit	§ 15 Abs. 1 Satz 2 KSchG
Ersatzmitglied des Betriebsrats während der Vertretungszeit, also während der Dauer der Verhinderung des zu vertretenen Betriebsrats	§ 15 Abs. 1 Satz 1 i. V. m. § 25 Abs. 1 Satz 2 BetrVG
Wahlvorstand einer Betriebsratswahl (ab der Bestellung bis zur Bekanntgabe des Wahlergebnisses)	§ 15 Abs. 3 Satz 1 KSchG
Wahlvorstand einer Betriebsratswahl während sechs Monaten nach Bekanntgabe des Wahlergebnisses	§ 15 Abs. 3 Satz 2 KSchG
Wahlbewerber einer Betriebsratswahl ab der Aufstellung bis zur Bekanntgabe des Wahlergebnisses	§ 15 Abs. 3 Satz 1 KSchG
Wahlbewerber einer Betriebsratswahl während der sechs Monate nach Bekanntgabe des Wahlergebnisses	§ 15 Abs. 3 Satz 2 KSchG
Bis zu drei Arbeitnehmer, die zu einer Betriebsratswahl eingeladen sind, ab der Einladung bis zur Bekanntgabe des Wahlergebnisses	§ 15 Abs. 3 a Satz 1 KSchG
Bis zu drei Arbeitnehmer, die die Bestellung eines Wahlvorstands beantragen, vom Antrag bis zur Bekanntgabe des Wahlergebnisses	§ 15 Abs. 3 a Satz 1 KSchG

VIII Damit überzeugen Sie als Betriebsrat Ihren Arbeitgeber

1. So verhalten Sie sich als Betriebsrat richtig

Eine der wichtigsten Fähigkeiten, die Sie als Betriebsrat beherrschen müssen, ist, andere Menschen von Vorgehensweisen sowie manchmal auch Tatsachen zu überzeugen. Durch eine geschickte Gesprächsführung können Sie Ihr Gegenüber für Ihre eigene Sichtweise, Ihre Ideen und Vorschläge gewinnen. Das ist ganz besonders wichtig, wenn das Verhältnis zu Ihrem Arbeitgeber belastet ist.

Als Betriebsrat ist es Ihre Hauptaufgabe, sich für die Belange Ihrer Kolleginnen und Kollegen einzusetzen. Auch, wenn es manchmal aussichtslos erscheint, werden Sie Ihren Arbeitgeber unter Umständen durch eine stringente, sachliche Argumentation überzeugen. Gelingt Ihnen und Ihren Kollegen das mehrfach, wird sich auch Ihr Verhältnis bessern. Im günstigsten Fall erkennt Ihr Arbeitgeber irgendwann selbst, dass eine Arbeitnehmervertretung ihm auch nützt.

Um Ihrer Aufgabe gut nachkommen zu können, haben Sie umfangreiche Mitbestimmungsrechte. Diese werden Sie allerdings nur erfolgreich nutzen können, wenn Sie stets die wesentlichen Grundsätze der Zusammenarbeit beachten und partnerschaftlich mit Ihrem Arbeitgeber zusammenarbeiten.

Das ist auch im Hinblick auf den Bestand Ihres Arbeitsverhältnisses sinnvoll. Schließlich ist Vertrauen die Grundlage allen sozialen, menschlichen und auch wirtschaftlichen Erfolgs. Grundsätzlich sollte die Beziehung von Ihnen und Ihrem Arbeitgeber darauf gerichtet sein, sich gemeinsam für das Wohlergehen der Arbeitnehmer im Betrieb sowie das Wohl des Betriebs einzusetzen. Im Hinblick auf die Gremiumsarbeit sollten Sie sich gemeinsam mit Ihrem Arbeitgeber ernsthaft darum bemühen, eine Lösung für die jeweiligen Konflikte zu finden.

Selbstverständlich sollten Sie es tunlichst vermeiden, sich gesetzlichen Vorschriften oder anderen Verpflichtungen zu widersetzen. Das gilt sowohl für Ihre Arbeit als Betriebsrat als auch im Hinblick auf Ihre reguläre Tätigkeit.

> **TIPP: Als gleichberechtigte Partner agieren**
> Am besten werden Sie eine vertrauensvolle Zusammenarbeit erreichen, wenn Sie und Ihr Arbeitgeber sich als gleichberechtigte Partner gegenüberstehen. Das setzt voraus, dass Sie sich gegenseitig auf die Offenheit, Zuverlässigkeit und Kontinuität des anderen verlassen können. Dafür ist ein regelmäßiger Informationsaustausch unerlässlich. Und: Beide Seiten haben sich stets korrekt und fair zu verhalten.

2. Kooperative Argumentation: Hier lohnt sie sich

Bei der kooperativen Argumentation handelt es sich um eine einvernehmliche, partnerschaftliche Kommunikation, bei der alle Teilnehmer bestrebt sind, ein und dasselbe Ziel zu erreichen.

Nutzen Sie diese Gesprächstechnik, wenn Sie davon ausgehen, dass Ihr Gegenüber kritisch ist, weil es ein Thema noch nicht ganz durchdrungen hat. Analysieren Sie dann gemeinsam den Sachverhalt, legen Sie Ziele und Interessen offen und suchen Sie nach einer für alle tragfähigen Lösung.

Kooperative Argumentation: Hier lohnt sie sich

Diese Vorgehensweise hat in der Regel auch zur Folge, dass die Meinung und Bewertung eines Gesprächspartners herausgearbeitet wird und eventuell eingesetzte Mittel der Überzeugung für ihn transparent werden.

Achtung: Keine Killerphrasen einsetzen

Ein wichtiger Punkt des erfolgreichen Überzeugens ist ein angemessener Umgang mit Einwänden. Behalten Sie stets die Position Ihres Gegenübers – vor allem die häufig konträre Meinung Ihres Arbeitgebers – und die Ursachen dafür im Blick. Vermeiden Sie es, Einwände zu überspielen oder Argumente der Gegenseite mit sogenannten Killerphrasen abzublocken.

Folgende Killerphrasen sollten Sie auf jeden Fall vermeiden:

- Das wurde bei uns schon immer so gemacht.

- Das wird Ihnen noch über den Kopf wachsen.

- Dafür fehlt es Ihnen offensichtlich an Erfahrung.

- Darüber liegen uns zu wenige Informationen vor.

Argumentieren Sie in solchen Fällen besser, warum Sie von Ihrer bisherigen Vorgehensweise überzeugt sind und was konkret gegen die vom Gesprächspartner neu vorgeschlagene spricht.

Ist die Informationsgrundlage mangelhaft, sollten Sie Ihrem Gegenüber konkret präzisieren, welche Angaben und Daten Sie sich noch als Entscheidungsgrundlage wünschen.

3. Vertrauen muss erhalten bleiben

Ein wichtiger Punkt in der Zusammenarbeit im Berufsalltag ist, dass das Vertrauen zwischen Ihnen und Ihrem Arbeitgeber oder Kollegen oder auch Dritten stets gegeben sein muss. Denn vertrauen Sie einander nicht, können Sie nicht erfolgreich zusammenarbeiten. Das schlägt sich früher oder später auf das Betriebsklima und letztlich meist auch auf die Wirtschaftlichkeit von Unternehmen nieder.

Unabhängig davon, wie weit Ihre und die Meinung Ihres Gesprächspartners in einem Punkt auseinandergehen, sollten Sie stets berücksichtigen, dass Ihr Gegenüber Ihnen trotz etwaiger Einwände weiterhin vertrauen muss. Damit ein entsprechendes Gespräch zufriedenstellend verläuft, beachten Sie folgende Punkte:

- Lassen Sie Ihr Gegenüber erkennen, dass Sie seinen Einwand ernst nehmen.

- Hören Sie Ihrem Gesprächspartner in Ruhe zu, wenn er seinen Einwand formuliert.

- Überlegen Sie gut, wie Sie am besten auf einen Einwand reagieren, bevor Sie antworten.

- Reagieren Sie stets sachlich auf Einwände Ihrer Gesprächspartner.

- Lassen Sie sich nie von emotionalen Reaktionen eines Gesprächspartners verleiten, ebenso emotional zu reagieren. Bleiben Sie sachlich!

4. So reagieren Sie perfekt auf Einwände

Greifen Sie den Einwand auf: Eine Einstiegsmethode ist, einen Einwand aufzugreifen und darauf einzugehen. Damit zeigen Sie Ihrem Gesprächspartner, dass Sie seinen Einwand ernst nehmen.

Erarbeiten Sie das Für und Wider eines Einwands gemeinsam: Indem Sie die Facetten eines Arguments gemeinsam mit Ihrem Gesprächspartner erörtern, signalisieren Sie Entgegenkommen und Kooperation.

Wiederholen Sie einen unerwarteten Einwand in Frageform: Greifen Sie einen unvorhergesehenen Einwand auf, indem Sie ihn in eine Frage umformulieren. Damit gewinnen Sie Zeit zum Nachdenken. Ihr Gesprächspartner wird seinen Einwand kaum wörtlich wiederholen. Seine Antwort wird meist umfangreicher ausfallen. Auf diese Art und Weise beurteilt er seinen Einwand dann häufig selbst.

Stimmen Sie einem Einwand zunächst zu: Mit der sogenannten Ja-aber-Methode stimmen Sie Ihrem Gesprächspartner zunächst taktisch zu, um Ihre Zustimmung danach sofort zu widerrufen.

Nehmen Sie den Einwand vorweg: Mit dieser taktischen Methode nehmen Sie Ihrem Gesprächspartner ein Argument ab. Sie vermitteln ihm damit das Gefühl, dass Sie in seinen Problemkategorien denken.

Stellen Sie einen Einwand zunächst zurück: Um einen Einwand zu übergehen, können Sie ihn zunächst zurückstellen. Gehen Sie im Verlauf des Gesprächs aber noch einmal darauf ein – und sei es nur, um Ihren Partner selbst feststellen zu lassen, dass sein Einwand sich erübrigt hat.

Überhören Sie einen Einwand: Auch wenn Sie Ihrem Gesprächspartner aufmerksam zuhören, gehen Sie auf seinen Einwand nicht ein. Er wird in diesem Fall automatisch widersprechen oder zum nächsten Gedanken übergehen. Diese Methode eignet sich besonders, um emotionale Einwände abzublocken.

Damit überzeugen Sie als Betriebsrat Ihren Arbeitgeber

Die folgenden Übersichten bieten zu jeder Methode verschiedene Beispiele und neun Tipps, wie Sie Ihr Gegenüber wirksam überzeugen.

Übersicht: Methoden, mit denen Sie überzeugend auf Einwände reagieren	
Methode	**Beispiele**
Einwand aufgreifen und darauf eingehen	■ Ihre Meinung ist also … ■ Lassen Sie uns etwas genauer darüber sprechen, was Ihnen missfällt. ■ Erklären Sie mir doch bitte genauer, warum Sie damit nicht einverstanden sind.
Gemeinsam das Für und Wider eines Einwands erarbeiten	■ Lassen Sie uns doch einmal gemeinsam überlegen, was dafür und was dagegen spricht. ■ Zur besseren Erarbeitung sollten wir eine Liste der zu beanstandenden Punkte machen und diese analysieren.
Einen unerwarteten Einwand in Frageform wiederholen	■ Sie sind also der Meinung, dass …? ■ Habe ich Sie richtig verstanden, dass …?
Eine Zustimmung wieder einschränken	■ Sie haben sicherlich Recht, jedoch … ■ Grundsätzlich ja, aber in diesem Fall …
Einen Einwand vorwegnehmen	■ Sie werden jetzt sicherlich einwenden, … ■ Ich kann verstehen, dass Sie jetzt einwenden, dass … ■ Auch wenn Sie der Meinung sein sollten, dass …

So reagieren Sie perfekt auf Einwände

Übersicht: Methoden, mit denen Sie überzeugend auf Einwände reagieren	
Methode	**Beispiele**
Den Einwand später aufgreifen	■ Bevor ich zu Ihrem Einwand komme, möchte ich zunächst noch über … ■ Ich werde auf Ihren Einwand später eingehen, doch zunächst …
Den Einwand überhören	(Fahren Sie einfach mit Ihrer Argumentation fort.)

Übersicht: Neun Tipps, um wirklich zu überzeugen	
1. Tipp: Gute Vorbereitung	Bereiten Sie sich gut vor. Überlegen Sie vor Gesprächsbeginn, welche Ihre eigenen Ziele und Argumente sind und welche Gegenargumente Ihr Gesprächspartner wohl anbringen könnte.
2. Tipp: Kompromisse überlegen	Überlegen Sie sich Alternativen und Kompromisse zu den eigenen Zielen.
3. Tipp: Ziele vor dem eigentlichen Gesprächsbeginn klar formulieren	Sprechen Sie Ihre Ziele und Absichten vor dem eigentlichen Beginn des Gesprächs offen und klar aus.
4. Tipp: Logischen Gesprächsaufbau vorbereiten	Strukturieren Sie Ihr Gespräch. Präsentieren Sie Ihre Argumente in logisch sinnvoller Reihenfolge. Schweifen Sie nicht vom eigentlichen Thema bzw. Ihrem Ziel ab.
5. Tipp: Setzen Sie Ihre Argumente gezielt ein	Sparen Sie mit Ihren Argumenten. Setzen Sie sie gezielt ein. Bewahren Sie sich Argumente als Konter für Einwände auf.

Damit überzeugen Sie als Betriebsrat Ihren Arbeitgeber

Übersicht: Neun Tipps, um wirklich zu überzeugen	
6. Tipp: Immer zunächst die schwächeren Argumente	Nehmen Sie immer zunächst die schwächeren Argumente. Bringen Sie die stärkeren am Schluss.
7. Tipp: Ziel und Anliegen des Gesprächspartners berücksichtigen	Berücksichtigen Sie die Bedürfnisse und Anliegen Ihres Gesprächspartners. Versuchen Sie zumindest, nachzuvollziehen, welche Ziele er warum verfolgt. So finden Sie letztlich viel leichter eine Kompromisslösung.
8. Tipp: Sprechpausen einlegen	Legen Sie Sprechpausen ein, um Ihrem Gesprächspartner Gelegenheit zu geben, über Ihre Argumente und Anmerkungen nachzudenken.
9. Tipp: Aufforderung zum Einbringen von Ideen	In Gesprächen mit Ihrem Arbeitgeber wird es an Gegenargumenten in der Regel nicht mangeln. Führen Sie allerdings Gespräche mit Kollegen in der Belegschaft oder auch innerhalb des Gremiums, kann es immer wieder vorkommen, dass Ihr Gegenüber seine Sicht der Dinge nur sehr beschränkt oder gar nicht mitteilt. In einem solchen Fall sollten Sie den jeweiligen Gesprächspartner auffordern, seine Ideen und Argumente einzubringen. Nur so können Sie ein ausgewogenes Gespräch erreichen.

IX Schlagfertigkeit – die richtige Antwort zur rechten Zeit

Schlagfertige Kollegen haben zu jeder Zeit eine passende Antwort parat. Das ist beneidenswert. Gerade in der Beziehung zu Ihrem Arbeitgeber ist eine gewisse Schlagfertigkeitskompetenz sehr hilfreich – gerade dann, wenn dieser im Allgemeinen nicht besonders gut auf Sie als Betriebsrat zu sprechen ist. Dann können Sie ihm nämlich im Fall der Fälle, wenn er Ihnen beispielsweise wieder einmal ungerechtfertigte, nicht der Wahrheit entsprechende Vorwürfe macht, schnell bremsen oder die Situation entspannen.

Schlagfertigkeit lässt sich trainieren. Wir haben also alle die Chance, schlagfertiger zu werden. Das lohnt sich gerade auch für Sie als Betriebsrat. Denn mit Schlagfertigkeit finden Sie in Diskussionen und Verhandlungen schnell und knapp die richtige Antwort oder das passende und überzeugende Argument. Schlagfertigkeit stärkt Ihr Selbstbewusstsein und Ihre Souveränität. Es hilft Ihnen, sich durchzusetzen, zu behaupten oder nicht zum Opfer unfairer Angriffe zu werden.

Situationen, in denen Ihnen eine gewisse Schlagfertigkeit besonders hilft, sind

- persönliche Angriffe oder Beleidigungen,
- unangemessene Verhaltensweisen einer anderen Person,
- überraschende Fragen sowie
- Diskussionen, die von Ihren Gesprächspartnern in eine ganz andere Richtung gelenkt werden, als von Ihnen geplant.

Schlagfertigkeit – die richtige Antwort zur rechten Zeit

In diese Situationen geraten Sie als Betriebsrat sicherlich immer wieder. Aber es nützt nichts. Solche Angriffe werden Sie nur schwer eindämmen können. Das Einzige, was hilft, ist, sich selbst zu stärken, um sie abzuwehren.

1. Trainieren Sie Ihre Schlagfertigkeit

Schlagfertigkeit stärkt Ihr Selbstbewusstsein und Ihre Souveränität. Es hilft Ihnen, sich durchzusetzen, zu behaupten oder nicht zum Opfer unfairer Angriffe zu werden.

a) Übersetzungsmethode

Greift ein Kollege oder auch Ihr Arbeitgeber Sie in einer hitzigen Debatte an, vergreift er sich im Ton oder wählt die falschen Worte, stehen Sie am besten da, wenn Sie die verbalen Entgleisungen Ihres Gegenübers – vergleichbar mit einem Dolmetscher – übersetzen. Damit nehmen Sie die Situation in die Hand und bestimmen ihren Ausgang. Sie können dabei humorvoll, lustig, frech oder aggressiv sein. Versuchen Sie jedoch, bei Ihren Antworten stets diplomatisch und nicht verletzend zu sein.

Beispiel: *Ihr Gegenüber sagt: „Sie haben ja keine Ahnung." Sie kontern: „Sie meinen also, wir sind unterschiedlicher Auffassung in dieser Angelegenheit?"*

Diese flexible Taktik ermöglicht es Ihnen, auf Angriffe souverän zu reagieren. Sie eignet sich bei Beleidigungen, unabsichtlichen Kränkungen, Vorwürfen sowie bei unsachlicher Kritik.

b) Ausweichmethode

Werden Sie vor unangenehme Entscheidungen gestellt und wollen Sie sich nicht sofort entscheiden, bitten Sie um Bedenkzeit und antworten Sie später.

➥ **Beispiel:** *Ihr Gegenüber sagt: „Mit Ihrem Vorschlag bin ich nicht einverstanden, denn ..." Sie antworten: „Ich werde mich zu Ihrem Einwand bei unserem nächsten Treffen äußern. Vorher möchte ich mir noch die notwendigen Informationen verschaffen."*

Diese einfache Methode schützt Sie vor unbedachten Äußerungen. Sie eignet sich besonders, wenn Sie einmal keine schnelle Antwort parat haben oder zeitlich unter Druck gesetzt werden.

c) Bumerang-Methode

Werden Sie von Ihrem Gesprächspartner unsachlich angegriffen, lehnen Sie Ihre Antwort formal an den Angriff an. Geben Sie ein Echo. Übernehmen Sie Formulierungen wortwörtlich, wo es sich anbietet.

➥ **Beispiel:** *Ihr Gegenüber sagt: „Ihr Vorgehen ist doch völlig idiotisch!" Sie kontern: „Dieses völlig idiotische Vorgehen ist bereits seit mehreren Jahren etabliert und sehr erfolgreich."*

Bei dieser Technik des Konterns leiten Sie den Angriff wie einen Bumerang auf Ihren Gesprächspartner zurück. Damit verschaffen Sie sich Respekt und Anerkennung. Diese Methode eignet sich bei Kränkungen, witzigen Angriffen sowie Beleidigungen. Auch wenn Ihr Gegenüber Ihnen eine Falle stellen will, kann diese Technik sinnvoll sein.

Schlagfertigkeit – die richtige Antwort zur rechten Zeit

2. Fragen stellen sorgt für souveränen Auftritt

Gerade dann, wenn ein Gesprächspartner unsachliche Vorwürfe bzw. unsachliche Kritik äußert oder beleidigend wird, bietet es sich an, ihn mit einer Frage oder Gegenfrage wieder auf die sachliche Ebene zurückzuholen.

Werden Sie unberechtigt angegriffen, können Sie eine Frage positiv formulieren und sich nach einem Verbesserungsvorschlag erkundigen. Angriffe können Sie zudem schlagfertig erwidern, indem Sie aggressiv gegenfragen.

Beispiele: *„Was wollen Sie damit sagen?" „Wie kommen Sie zu dieser Behauptung?" „Haben Sie mir nicht richtig zugehört?" „Wieso verdrehen Sie mir das Wort im Mund?"*

Sollte Ihr Gesprächspartner Ihnen gegenüber etwas äußern wie „Sie verstehen überhaupt nichts von Ihrer Arbeit", dann stellen Sie ihm am besten folgende Frage: „Was kann ich nach Ihrer Meinung ändern, um meine Arbeit besser zu machen?"

X Ihre Kommunikation mit dem Arbeitgeber

Viele Auseinandersetzungen zwischen Ihnen und Ihrem Arbeitgeber beruhen darauf, dass Ihr Arbeitgeber Sie falsch oder unzureichend informiert hat. Auf so etwas reagieren Sie zu Recht empfindlich.

Eine Chance, solche Auseinandersetzungen zu minimieren, haben Sie nur, wenn Sie die Kommunikation mit der Arbeitgeberseite strategisch angehen. Wichtig ist, dass Sie mit Ihrem Arbeitgeber lösungsorientierte Gespräche führen.

1. Überzeugungsarbeit leisten

Basis dafür, dass Ihr Arbeitgeber Sie frühzeitig und umfassend informiert, ist ein partnerschaftliches Verhältnis zwischen beiden Seiten. Dieses sollte von gegenseitigem Vertrauen geprägt sein.

Zudem sollte Ihrem Arbeitgeber der unmittelbare Nutzen einer gut funktionierenden Kommunikation mit Ihnen klar sein. Haben Sie das Gefühl, dass es daran hapert, ist es Ihre Aufgabe, die entsprechende Überzeugungsarbeit zu leisten. Zeigen Sie ihm die Vorteile einer gut funktionierenden Kommunikation auf.

Drei Aspekte sind dabei von herausragender Bedeutung. Ihr Arbeitgeber ...

- erkennt Probleme und Stimmungen im Unternehmen frühzeitig. Schließlich sind Sie in der Regel näher an Ihren Kollegen dran.

Ihre Kommunikation mit dem Arbeitgeber

- kann sich sicher sein, dass die Interessen der Arbeitnehmerseite stets ausreichend berücksichtigt werden.

- hat die Möglichkeit, problematische Angelegenheiten in der Diskussion mit Ihnen wirklich zu durchdringen.

2. Fünf Tipps, damit Ihre Kommunikation ab sofort besser klappt

Wichtig ist grundsätzlich, dass Sie immer mit Ihrem Arbeitgeber im Gespräch sind. Installieren und etablieren Sie dafür von beiden Seiten akzeptierte Kommunikationskanäle und nutzen Sie sie regelmäßig – treffen Sie sich beispielsweise mit Ihrem Arbeitgeber zu festen Terminen zu Gesprächen, etwa den Monatsgesprächen.

TIPP 1: Zeigen Sie sich kommunikationsbereit
Zeigen Sie sich Ihrem Arbeitgeber gegenüber bereit für die Kommunikation. Blocken Sie ihn nicht ab. Sollte Ihr Arbeitgeber das Gespräch suchen, seien Sie offen.

Damit Ihr Arbeitgeber jederzeit einen festen Ansprechpartner im Betriebsrat hat, sollten Sie intern regeln, wer von Ihnen diese Aufgabe übernehmen möchte. Häufig wird das der Betriebsratsvorsitzende sein. Bei Gesprächen, die mit einem gewissen Vorlauf festgelegt wurden, wie den Monatsgesprächen, können und sollten Sie alle teilnehmen. Es sollte aber auch eine Person geben, die bei Bedarf spontan ansprechbar ist.

So ist es in Betrieben, in denen Arbeitgeber und Betriebsrat gut zusammenarbeiten, durchaus üblich, dass die Arbeitgeberseite dem Betriebsrat die Anhörung zu einer anstehenden Kündigung schon ein paar Tage vorher ankündigt.

Fünf Tipps, damit Ihre Kommunikation ab sofort besser klappt

💡 TIPP: 2: Zeigen Sie sich kompromissbereit

Führen Sie lösungsorientierte Gespräche mit dem Ziel einer pragmatischen, zweckmäßigen Vereinbarung. Das heißt: Selbst, wenn Sie sich im Einzelfall in einer optimalen Rechtsposition befinden, sollten Sie stets versuchen, eine Win-win-Situation zu schaffen, also eine Lösung zu finden, mit der beide Seiten leben können.

So schaffen Sie Vertrauen. Zudem: Nur so haben Sie die Chance, dass Ihr Arbeitgeber – wenn er sich in der besseren Rechtsposition befindet – den Vorteil nicht ausreizt, sondern auch Rücksicht auf Sie und die Arbeitnehmerinteressen nimmt.

💡 TIPP: 3: Pflegen Sie stets einen respektvollen Umgang mit Ihrem Arbeitgeber

Ihr Umgang mit Ihrem Arbeitgeber und anderen Geschäftspartnern sollte in jeder Situation respektvoll und korrekt sein. Äußern Sie sich klar, aber sachlich.

💡 TIPP: 4: Legen Sie Regeln fest, die für Klarheit sorgen

In größeren Betriebsräten ist es sinnvoll, für bestimmte Themenbereiche wie Arbeitsschutz oder Datenschutz spezielle Ansprechpartner festzulegen. Nennen Sie Ihrem Arbeitgeber die jeweils zuständigen Personen, damit er weiß, an wen er sich in welcher Angelegenheit wenden kann.

Setzen Sie sich zudem dafür ein, dass Sie sich mit Ihrem Arbeitgeber auf ein Verfahren zu Ihrer Information einigen.

💡 TIPP: 5: Führen Sie Protokoll

Um Missverständnisse zu vermeiden oder auf ein Minimum zu reduzieren, ist es wichtig, dass in allen Gesprächen mit Ihrem Arbeitgeber zumindest die wesentlichen Bestandteile protokolliert werden.

Ihre Kommunikation mit dem Arbeitgeber

Ein gutes Protokoll ermöglicht Ihnen beiden, sofort nachprüfen zu können, wer mit welcher Information an Sie herangetreten ist, welche Informationen von wem an wen weitergegeben worden sind und vor allem, wann das geschehen ist.

Checkliste: Haben Sie alles für die optimale Kommunikation getan?	
Prüfpunkte	**Check**
Sind Sie als Betriebsrat den Gesprächswünschen Ihres Arbeitgebers in den vergangenen Monaten stets umgehend nachgekommen?	❏
Haben Sie sich in Auseinandersetzungen kompromissbereit gezeigt?	❏
Haben Sie sich im Umgang mit Ihrem Arbeitgeber stets korrekt verhalten?	❏
Halten Sie regelmäßig Ausschusssitzungen zu schwierigen Themen ab?	❏
Haben Sie sich gemeinsam mit Ihrem Arbeitgeber auf ein Verfahren zur Kommunikation geeinigt? Haben Sie Kommunikationspartner für einzelne Themenbereiche festgelegt?	❏
Achten Sie auf die sorgfältige Dokumentation wichtiger Verhandlungen?	❏
Können Sie alle Fragen mit „Ja" beantworten, haben Sie alles Wichtige unternommen, um die Kommunikation zwischen Ihnen und Ihrem Arbeitgeber zu optimieren.	❏

Diese Pflichten hat Ihr Arbeitgeber

Das BetrVG enthält zahlreiche Vorschriften, die Ihrem Arbeitgeber Informationspflichten Ihnen gegenüber auferlegen. Eine generelle Informationspflicht besteht nach § 80 Abs. 2 BetrVG. Die wichtigste Grundregel dazu ist aber die vertrauensvolle Zusammenarbeit gemäß § 2 BetrVG.

XI Konfliktmanagement

Konflikte am Arbeitsplatz berühren meist nicht nur die persönlich Betroffenen. Sie wirken sich vielmehr häufig auch negativ auf den Betriebsfrieden und die Produktivität aus. Das gilt erst recht, wenn der Konflikt zwischen Ihnen als Betriebsrat und Ihrem Arbeitgeber eskaliert. Das kann gerade junge und neue Kollegen verunsichern, die mit dem Betrieb und den unterschiedlichen Positionen der beiden Seiten noch nicht vertraut sind. Aus der Art des aufbrechenden Konflikts und dem Umgang mit ihm werden sie Rückschlüsse auf die Unternehmenskultur ziehen – und sicher auch in ihrem persönlichen Umfeld darüber reden.

Ein gutes Konfliktmanagement hilft Ihnen damit doppelt: Einerseits tragen Sie zum Erhalt der vertrauensvollen Zusammenarbeit und damit zum Erreichen der Ziele des Unternehmens und der Belegschaft bei, andererseits stärken Sie Ihre Position in der Belegschaft und fördern Ihr Image als vertrauenswürdiger und kompetenter Partner.

1. So erkennen Sie Konflikte

Es ist nicht immer leicht, einen Konflikt wirklich als solchen auszumachen. Die folgende Checkliste unterstützt Sie beim Ausloten, ob es sich um einen Konflikt handelt oder nicht.

Checkliste: Konflikte erkennen	
Prüfpunkte	Check
Fallen regelmäßig spitze, ironische Bemerkungen?	❏
Widerspricht ein Kollege bzw. Ihr Arbeitgeber aus Prinzip (nur um andere zu ärgern oder ihnen zu schaden)?	❏

Konfliktmanagement

Checkliste: Konflikte erkennen	
Prüfpunkte	**Check**
Konnten Sie eine deutliche mimische Reaktion wie etwa ein verächtliches Lächeln, das Wegdrehen des Kopfes oder bewusstes Weghören feststellen?	❏
Gehen sich die Kollegen, bei denen Sie einen Konflikt vermuten, aus dem Weg?	❏
Fällt es auf, dass die Kollegen nicht miteinander reden?	❏
Bevorzugt ein Kollege oder auch Ihr Arbeitgeber plötzlich die schriftliche Kommunikation, wenn er etwas mitteilen möchte (während er vergleichbare Angelegenheiten bislang stets mündlich erledigt hat?)	❏
Macht ein Kollege, den Sie als sehr engagiert kennen, nur noch Dienst nach Vorschrift?	❏
Haben Sie das Gefühl, dass Ihr Arbeitgeber bzw. ein Kollege wichtige Informationen bewusst zurückhält?	❏

Beantworten Sie mehrere dieser Fragen mit „Ja", sollten Sie der Sache nachgehen. Es spricht einiges dafür, dass sich ein Konflikt entwickelt hat, den die Konfliktgegner nicht mehr allein lösen können.

2. Der richtige Umgang mit Konflikten

In angespannten Situationen zielführend zu agieren, kann man lernen. Wichtig ist, einen kühlen Kopf zu bewahren und sich nicht von Emotionen leiten zu lassen. Wenn Sie die folgenden sechs Punkt beherzigen, haben Sie das Rüstzeug, Spannungen aufzudecken und Konflikte zu lösen, bevor sie eskalieren.

a) Sprechen Sie Konflikte offen an

Grundlage jeder vertrauensvollen Zusammenarbeit ist eine Unternehmenskultur, in der Spannungen und Konflikte offen angesprochen und am besten sofort im Gespräch mit den Beteiligten bereinigt werden. Wenn Sie also selbst in einen Konflikt geraten oder davon Kenntnis haben, dass es irgendwo im Betrieb kriselt, agieren Sie. Gehen Sie auf die Beteiligten zu und versuchen Sie, in einem Gespräch die unterschiedlichen Positionen zu klären und zu vermitteln.

Wird Ihnen ein Konflikt angetragen, ohne dass der Betroffene sich zuvor selbst ernsthaft um eine Lösung bemüht hat, können Sie das Prinzip der Eigenverantwortlichkeit in Erinnerung rufen. So verhindern Sie, dass Arbeitnehmer oder auch Betriebsratskollegen, die einen Konflikt miteinander austragen, eine Lösung aus Bequemlichkeit Ihnen überlassen.

b) Kümmern Sie sich um Betroffene

Im Normalfall können Sie davon ausgehen, dass Sie von einem Kollegen nur dann einbezogen werden, wenn dieser sich entweder nicht in der Lage sieht, den Konflikt allein zu regeln, oder vergeblich versucht hat, eine Lösung zu erzielen.

Wenn Sie ihn dann wieder wegschicken, wird er das Gefühl haben, dass Ihnen sein Problem und sein Befinden gleichgültig sind. Das führt zum Loyalitätsverlust. Zudem wird es sich schnell herumsprechen, dass Sie als Betriebsrat nichts von den Problemen wissen wollen. Das ist keine gute Voraussetzung für eine Wiederwahl. Das Ergebnis ist ein Kontroll- und Informationsverlust.

Natürlich gibt es auch immer wieder Querulanten, die immer und überall Konflikte sehen – auch da, wo keine sind. Prüfen Sie deshalb zunächst, ob es tatsächlich Unstimmigkeiten gibt.

c) Lassen Sie sich von niemandem vereinnahmen

Bleiben Sie objektiv und neutral, auch in emotional schwierigen Situationen. Ergreifen Sie nicht vorschnell Partei, auch wenn die Sachlage

Konfliktmanagement

eindeutig erscheint. Informieren Sie sich bei den Beteiligten, welche Ursache die Spannungen oder Streitigkeiten haben. Das gilt übrigens auch für Konflikte, in die Sie mit Ihrem Arbeitgeber geraten sind.

Nur wenn Sie sich einen Überblick über das Problem und seine Ursachen verschaffen, können Sie mögliche Lösungsrichtungen ausloten.

d) Hören Sie beide Seiten

Lassen Sie sich zunächst lediglich die Grundproblematik erklären. Denn sehen Sie ein Gespräch mit den Kontrahenten als mögliche Lösung, sollten Sie die Details in einem Gespräch mit beiden Konfliktparteien klären.

Erhalten Sie im Erstgespräch keine Antwort oder nur eine unzureichende, dann haken Sie nach. Unliebsames wird oft zunächst weggelassen. Bedenken Sie: Der Kollege, mit dem Sie gerade sprechen, schildert Ihnen seine Sicht der Dinge. Die andere Seite sieht die Angelegenheit wahrscheinlich aus ganz anderer Perspektive. Nach den Gesprächen sollten Sie zumindest abschätzen können, ob ein Konfliktgespräch mit allen Beteiligten sinnvoll ist oder nicht.

Achten Sie grundsätzlich darauf, dass Sie nicht dem Sachverhalt, den Sie zuerst hörten, höhere Bedeutung beimessen. Seien Sie sich bewusst, dass unser Gehirn meistens die Information, die es als Erstes erhält, als hochwertiger einstuft (Verankerungsprinzip). Passiert Ihnen das, kann es sein, dass die andere Seite Sie für parteiisch hält und als Vermittler ablehnt.

Gleiches gilt für Ihre eigenen Konflikte: Versuchen Sie auch bei Ihren Auseinandersetzungen, Abstand zu gewinnen, die Angelegenheit so objektiv wie möglich zu betrachten und die Position Ihres Gegenübers nachzuvollziehen.

Der richtige Umgang mit Konflikten

Streitende Parteien zum gemeinsamen Gespräch bitten

Bitten Sie die streitenden Parteien im Interesse einer fairen Klärung immer gemeinsam zum Gespräch. Alles Gesagte ist so für jeden Beteiligten transparent.

e) Führen Sie ein Protokoll

Ob es sich um ein Einzelgespräch mit Ihrem Arbeitgeber oder einem Kollegen handelt oder um eine größere Gesprächsrunde: Führen Sie Protokoll oder machen Sie sich zumindest Notizen zu dem Gesagten. Am besten lassen Sie sich diese am Ende des Gesprächs von den Beteiligten unterschreiben.

So kommen Sie Ihrer Dokumentationspflicht nach und sichern sich dagegen ab, dass später einer der Beteiligten den Inhalt des Gesprächs anzweifeln kann.

f) Verharmlosen Sie nicht

Hüten Sie sich vor Verharmlosungen. Dadurch wird der Konflikt nicht gelöst, sondern lediglich verdrängt. Kollegen, die sich im Konflikt mit anderen Kollegen oder Ihrem Arbeitgeber befinden, fühlen sich nicht ernst genommen. Zudem haben sie das Gefühl, von Ihnen als Betriebsrat im Stich gelassen zu werden.

Die vier Grundregeln des Konfliktmanagements

- Kommt ein Arbeitnehmer mit einem Problem zu Ihnen, nehmen Sie sein Anliegen ernst und ignorieren Sie es nicht. Gleiches gilt selbstverständlich, wenn Ihr Arbeitgeber auf Sie zukommt – unabhängig davon, wie Ihr Verhältnis zueinander ist.

- Hören Sie Konfliktparteien nie getrennt, wenn es um Details geht. Denn dadurch riskieren Sie Ihre unparteiische Stellung.

Konfliktmanagement

- Verharmlosen Sie Konflikte nicht. Dadurch werden sie nur verdrängt und nicht gelöst. Das Ergebnis sind die gleichen negativen Konsequenzen wie beim Ignorieren eines Konflikts: Vertrauens-, Kontroll- und Informationsverlust.

- Stellen Sie klar, dass Sie als Betriebsrat gern dabei helfen, Konflikte unter Kollegen oder mit dem Arbeitgeber zu lösen, indem Sie gemeinsam nach einer fairen Lösung suchen. Machen Sie den Beteiligten aber auch klar, dass die Verantwortung – wenn es nicht zu einer fairen Lösung kommt – weiterhin bei den Streitparteien liegt.

3. Schritt-für-Schritt-Anleitung für Ihr Vorgehen im Konfliktfall

Bei Konflikten ist ein strategisches Vorgehen sinnvoll, um sie zu lösen oder zumindest zu entschärfen – das gilt auch für Ihre eigenen Konflikte. Orientierung gibt Ihnen dafür die folgende Schritt-für-Schritt-Anleitung.

Anleitung: Vorgehen im Konfliktfall

1. Schritt: Erst reden, reden, reden

Sie als Betriebsrat sollten Beteiligte ansprechen, Beobachtungen mitteilen, Auswirkungen des Konflikts schildern und sich der Sache annehmen, wenn die Beteiligten nicht wissen, wie sie den Konflikt allein lösen können, sich nicht einigen oder die Situation wegen starker Gefühle so verfahren ist, dass es ohne Vermittlung nicht geht. Sind Sie selbst beteiligt, gilt das Gleiche: Reden Sie mit der Konfliktpartei.

Schritt-für-Schritt-Anleitung für Ihr Vorgehen im Konfliktfall

2. Schritt: Analyse des Konflikts

Klären Sie im Gespräch mit allen Beteiligten:

- Was ist das Thema des Konflikts?
- Welche Ursachen hat er?
- Wer ist an dem Konflikt beteiligt und von ihm betroffen?
- Welche Informationen werden noch benötigt?
- Welche Interessen verfolgen die Beteiligten?

3. Schritt: Lösungen finden

Erörtern Sie mit allen Beteiligten:

- Welche Interessen haben die jeweiligen Beteiligten?
- Welche Lösungsmöglichkeiten gibt es?
- Was schlagen die jeweiligen Parteien vor?
- Wie beurteilen die Parteien die jeweiligen Lösungsmöglichkeiten?
- Welche Übereinstimmungen gibt es?

4. Schritt: Aktionsplan vereinbaren

Konkrete Vereinbarung treffen: Wer unternimmt was bis wann?

Konfliktmanagement

5. Schritt: Nachhaltigkeit kontrollieren

Prüfen Sie:

- Sind die vereinbarten Maßnahmen tatsächlich umgesetzt worden?
- Sind die Konfliktparteien damit zufrieden?
- Klappt die Zusammenarbeit?

4. Bereiten Sie Konfliktgespräche immer vor

Wie so häufig im Leben und vor allem bei Gesprächen ist auch bei Konfliktgesprächen die richtige Vorbereitung das A und O. Die folgende Übersicht gibt Ihnen ein Konzept an die Hand, mit dem Sie ein Konfliktgespräch in Kürze sinnvoll vorbereiten können.

Übersicht: So bereiten Sie ein Konfliktgespräch vor	
Aufgabe	**Frage dazu**
Fakten analysieren	Was war der Auslöser? Welche Gründe stecken hinter dem Konflikt?
In die Lage der Betroffenen versetzen	Mit welchen Persönlichkeiten haben Sie es zu tun? Haben Sie mit einem unsachlichen Verhalten zu rechnen?
Ausmaß des Konflikts abschätzen	Ist der Konflikt bereits offen ausgebrochen?
Unterstützungsmaßnahmen planen	Welche Maßnahmen könnten helfen, den Konflikt möglichst schnell beizulegen?
Lösungsmöglichkeiten überlegen	Welche Lösung wird beiden Seiten am besten gerecht?

Damit das Konfliktgespräch nach der guten Vorbereitung auch erfolgreich verläuft, sollten Sie die folgenden Punkte beachten:

- Vermeiden Sie Vorwürfe und Schuldzuweisungen.

- Überreden Sie keine der Konfliktparteien zu einer Lösung.

- Üben Sie keine Macht auf eine der Konfliktparteien aus.

- Entscheiden oder handeln Sie nie willkürlich.

- Versuchen Sie nicht, streitende Kollegen durch abgedroschene Lebensweisheiten zu beruhigen.

- Vermeiden Sie spöttische oder sogar ironische Bemerkungen.

- Sichern Sie nichts zu, was Sie unter Umständen letztlich nicht durch- oder umsetzen können – schon gar nicht, um schneller zu einem Ergebnis zu kommen.

5. Selbsttest: Sind Sie ernsthaft an einer Konfliktlösung interessiert?

Auseinandersetzungen und Konflikte sind lästig und zermürbend, aber oft unvermeidbar, weil wir alle unterschiedliche Interessen, Vorstellungen, Ausgangspositionen und Meinungen haben. In unserem Zusammenleben – auch am Arbeitsplatz – müssen wir uns daher arrangieren, um Spannungen und Konflikte zu vermeiden, zu verringern oder bestenfalls zu lösen. Wenn wir das Gefühl bekommen, eine Zusammenarbeit oder ein Zusammenleben funktioniert nicht mehr konfliktfrei, sollten wir die Situation aktiv gestalten. Das gilt auch für Sie als Betriebsrat bei Auseinandersetzungen mit der Arbeitgeberseite.

Konfliktmanagement

Ihr grundsätzliches Ziel muss eine gegenseitig akzeptierte, sinnvolle Lösung des Konflikts sein. Mit dem folgenden Selbsttest können Sie Ihre Konfliktlösungskompetenz überprüfen.

Testen Sie Ihre Konfliktlösungskompetenz

Testfragen	ja	nein
Arbeiten Sie zielführend an einer Konfliktlösung, ohne Ihren Kollegen Vorwürfe zu machen?	❏	❏
Wenn Sie selbst betroffen sind: Stehen Sie zu Ihren Fehlern?	❏	❏
Gelingt es Ihnen, Ihre Kollegen durch Fakten zu überzeugen?	❏	❏
Sehen alle Ihre Kollegen in Ihnen einen Partner?	❏	❏
Vermeiden Sie eine überzogene Autorität?	❏	❏
Arbeiten Sie geduldig an der Lösung des Konflikts?	❏	❏
Vermeiden Sie es, vorschnell eine Entscheidung zu treffen?	❏	❏
Versetzen Sie sich in die Lage der jeweiligen Streitparteien?	❏	❏
Fordern Sie Ihre Kollegen auf, eine Streitbeilegung zu unterstützen?	❏	❏
Bemühen Sie sich, aufkommende Emotionen zu vermeiden?	❏	❏
Wenn Sie beteiligt sind: Machen Sie sich Ihre eigenen Emotionen klar?	❏	❏
Nehmen Sie alle Beteiligten unabhängig vom Thema ernst?	❏	❏

Je mehr Fragen Sie mit „Ja" beantworten, desto besser. Ist es mindestens die Hälfte, sind Sie grundsätzlich an einer ernsthaften Konfliktlösung interessiert. Nehmen Sie Ihr Ergebnis zum Anlass, um zu überlegen, inwieweit Sie Ihr Verhalten noch anpassen sollten.

XII Ihre Öffentlichkeitsarbeit ist der Schlüssel zum Erfolg

„Tue Gutes und rede darüber": Das gilt auch für Sie als Betriebsrat, gerade in wirtschaftlich schwierigen Zeiten oder bei Spannungen mit Ihrem Arbeitgeber. Denn Public-Relations-Maßnahmen für Ihr Gremium ermöglichen Ihnen, Ihren Kollegen in der Belegschaft Ihre Erfolge zu vermitteln. Sie zeigen, dass Sie sich für sie engagieren.

Das ist wichtig, denn erstens werden Ihre Kollegen sehen wollen, dass Sie den richtigen Betriebsrat gewählt haben, und zweitens laufen Sie stets Gefahr, dass Ihr Arbeitgeber Sie oder Ihre Arbeit negativ darstellt.

1. Gute Öffentlichkeitsarbeit ist immer sinnvoll

Mit einer guten Öffentlichkeitsarbeit können Sie sich als Betriebsrat positiv darstellen und positionieren. Letztlich bewerten auch die Arbeitgeber dies meistens positiv, denn um überhaupt Öffentlichkeitsarbeit betreiben zu können, müssen Ergebnisse vorliegen. Das setzt voraus, dass Sie als Betriebsrat aktiv sind. Zudem wird Ihr Arbeitgeber die durch Sie und Ihre Tätigkeit entstehenden Kosten eher als gerechtfertigt anerkennen, wenn er sieht, dass Sie tatsächlich etwas tun. Auch wenn die Beziehung zwischen Arbeitgeber und Betriebsrat zerrüttet ist, sorgt es auf jeden Fall dafür, dass die Arbeitgeberseite nicht einen weiteren Ansatzpunkt findet, Ihre Arbeit zu erschweren.

Der Schwerpunkt Ihrer Öffentlichkeitsarbeit sollte in der Vermittlung Ihrer Erfolge gegenüber Ihren Kollegen aus der Belegschaft liegen.

Ihre Öffentlichkeitsarbeit ist der Schlüssel zum Erfolg

Denn das sind die Kollegen, die Sie vertreten. Auf ihre Unterstützung sind Sie angewiesen – auch bei der nächsten Wahl.

2. Informieren Sie im Gespräch und bei Betriebsversammlungen

Am wirksamsten können Sie Ihr Engagement und Ihre Erfolge mündlich vermitteln. Führen Sie deshalb immer wieder Einzel- oder Gruppengespräche mit den Kollegen, etwa in Pausen, in der Kantine oder bei Betriebsrundgängen.

Im größeren Maßstab, nämlich vor der gesamten Belegschaft, können Sie Betriebsversammlungen als Podium nutzen. Sie sind ein gutes Forum, um wirksame Öffentlichkeitsarbeit zu betreiben. Informieren Sie Ihre Kollegen darüber,

- was Sie während Ihrer bisherigen Amtszeit erreicht haben,

- woran Sie gerade arbeiten,

- welche Verhandlungen Sie gerade führen,

- warum Sie diese führen,

- welches Ziel Sie dabei verfolgen,

- welche Projekte Sie für die nähere Zukunft auf der Agenda haben.

Schildern Sie diese Punkte umfassend in einer Betriebsversammlung, machen Sie Ihre Arbeit für jeden (auch Ihren Arbeitgeber) transparent. Da eine regelmäßige Unterrichtung in kürzeren Abständen durchaus sinnvoll ist, sollten Sie auch weitere Kanäle für die Kommunikation nutzen, vom Aushang am Schwarzen Brett über die Betriebszeitung bis hin zum Blog im Intranet.

💡 TIPP: Stellen Sie den Nutzen für Ihre Kollegen in den Vordergrund

Wichtig für Ihre Kollegen ist, welchen Nutzen sie von den jeweiligen Projekten haben. Nur, wenn dieser für sie erkennbar ist, werden sie Sie im Zweifelsfall unterstützen. Stellen Sie also bei allen Erläuterungen in den Vordergrund, was den Beschäftigten die Maßnahme bringt.

3. Nutzen Sie verschiedene Kanäle

Eine Möglichkeit, Ihre Kollegen schnell und einfach zu informieren, ist ein Aushang am Schwarzen Brett. Sie können die Informationen, die Sie sonst auf einer Betriebsversammlung mitteilen würden, Ihren Kollegen aus der Belegschaft per offenem Brief mitteilen.

Auch Betriebszeitungen oder Mitarbeitermagazine bieten sich an, als Betriebsrat regelmäßig Beiträge zu veröffentlichen oder eine eigene Rubrik einzurichten.

Diesen können Sie zusätzlich zum Aushang am Schwarzen Brett auch in das Intranet stellen. Hier bieten sich Ihnen sowieso viele Möglichkeiten – von der Betriebsratsseite mit aktuellen Themen über Frequently Asked Questions (FAQs, häufig gestellte Fragen) bis hin zum regelmäßigen Blog. Dabei ist aber zu bedenken, dass der zeitliche und personelle Aufwand recht hoch ist. Diese Aufgabe sollte einer Person übergeben werden, die Internet-affin ist und Spaß an der neuen Technik hat – vielleicht einem jüngeren, für die Betriebsratsarbeit freigestellten Kollegen.

Ihre Öffentlichkeitsarbeit ist der Schlüssel zum Erfolg

> **Wichtig: Fahren Sie stets mehrgleisig**
> Verbreiten Sie Informationen nie nur im Intranet. Denn „das Netz" ist zwar für die Kollegen am PC-Arbeitsplatz im Büro einfach zugänglich, für solche in der Produktion aber ist der Zugriff erheblich schwieriger. Als Betriebsrat erreichen Sie deshalb durch einen Aushang am Schwarzen Brett, per Flugblatt, auf den Tischen der Kantine ausgelegte Handzettel oder über die Mitarbeiterzeitung in der Regel mehr Kollegen.

4. Informieren Sie auch Außenstehende

Bei Ihrer Öffentlichkeitsarbeit genießen Ihre Kollegen aus der Belegschaft höchste Priorität. Allerdings sollten Sie als Betriebsrat darüber hinaus auch weitere Kreise informieren – die Bevölkerung. Denn wenn in Ihrem Unternehmen große Änderungen bevorstehen, kann die Veröffentlichung eines Artikels bzw. Beitrags unter Umständen sehr hilfreich sein. Bei heftigen Kontroversen beispielsweise kann eine Veröffentlichung in der Presse oder im Fernsehen Ihren Arbeitgeber so unter Druck setzen, dass er eher zum Einlenken bereit sein wird. Dafür benötigen Sie allerdings die Unterstützung der Gewerkschaft. Denn so ohne Weiteres dürfen Sie als Betriebsrat nicht extern informieren.

Damit Sie dies bewerkstelligen können, sollten die Kollegen aus der Gewerkschaft den Kontakt zu den lokalen Medien grundsätzlich suchen, aufbauen und pflegen. Um eine Veröffentlichung zu erreichen, müssen Sie konstant gute Pressearbeit leisten.

Die Medien versorgen Sie dabei am besten mit einer gelungenen Pressemitteilung. Zwei Dinge müssen Sie dabei beachten. Ob Sie die Pressemeldung richtig aufgebaut haben, können Sie anhand der Checkliste prüfen.

Informieren Sie auch Außenstehende

a) Der Inhalt der Pressemeldung muss in Ihrem Gremium abgestimmt werden

Inhalte, die sich für die Öffentlichkeitsarbeit eigenen, sind vor allem wirtschaftliche, tarifpolitische und sozialpolitische Themen sowie alle Angelegenheiten, die Ihren Betrieb und Ihre Kollegen aus der Belegschaft direkt – und die Öffentlichkeit indirekt – betreffen. Dazu gehören Vorhaben wie Stellenabbau, Sozialpläne, Kurzarbeit oder Umstrukturierungen. Sprechen Sie jegliche Veröffentlichungen dieser Art unbedingt vorher mit Ihrem Arbeitgeber ab. Ein öffentlicher Streit zwischen Ihnen und Ihrem Arbeitgeber ist nicht zielführend.

b) Prüfen Sie genau, ob Sie die Inhalte wirklich verbreiten dürfen

Nicht in eine Pressemitteilung gehören selbstverständlich Betriebsgeheimnisse. Das erfordert von Ihnen als Betriebsrat, vor allem bei externen Pressemitteilungen einen strengen Maßstab anzulegen.

Checkliste: Prüfen Sie Ihre Pressemitteilung	
Meldung enthält folgende Informationen	**Check**
Aus der Meldung geht hervor, **wer** betroffen ist.	❑
Es wird klar,	❑
… um **was** es geht.	❑
… **wann** es passiert ist bzw. passieren wird.	❑
… **wie** es dazu gekommen ist.	❑
… **warum** sich eine Angelegenheit so zugetragen hat.	❑
Der erste Satz enthält eine wichtige Neuigkeit.	❑
Er ist knackig formuliert und löst bei dem Leser das Bedürfnis aus, mehr wissen zu wollen.	❑

Können Sie alle diese Fragen mit „Ja" beantworten, stimmt der Grundaufbau Ihrer Pressemitteilung.

> **TIPP: Berücksichtigen Sie stets Ihre Geheimhaltungspflichten**
> Informieren Sie nur über Sachverhalte, die Sie auch tatsächlich verbreiten dürfen. Als Betriebsrat dürfen Sie sich in der Regel nur über die Gewerkschaft initiativ an die Öffentlichkeit wenden. Wird eine Angelegenheit durch Ihren Arbeitgeber publik gemacht, können Sie Stellung beziehen. Aber auch dabei haben Sie natürlich Geheimhaltungsverpflichtungen zu wahren.

5. Die Kosten trägt Ihr Arbeitgeber

Fallen im Rahmen Ihrer Öffentlichkeitsarbeit Kosten an, ist Ihr Arbeitgeber verpflichtet, diese zu übernehmen. Denn nach § 40 BetrVG ist er verpflichtet, die Kosten zu tragen, die für die laufende Geschäftsführung anfallen. Dazu gehört die Öffentlichkeitsarbeit.

XIII Selbstmarketing: Zeigen Sie, wofür Sie stehen!

Die Beziehung von Betriebsräten und Arbeitgebern ist heute in so manchem Unternehmen partnerschaftlich. Die meisten Arbeitgeber wissen, dass ihre Betriebsräte die Arbeitnehmerbelange unter Berücksichtigung der wirtschaftlichen Interessen des Betriebs vertreten. Dennoch: In kritischen Situationen kommt es zwischen Arbeitgebern und Betriebsräten immer wieder zu Auseinandersetzungen. In solchen Zeiten verbinden die Arbeitgeber mit Ihnen als Betriebsrat oft nichts Positives. Sie behandeln Sie sogar teilweise ungerecht und versuchen, das Ansehen des Betriebsrats in der Belegschaft zu schädigen.

Beugen Sie dieser Situation vor und überzeugen Sie Ihre Kollegen von Ihrer Kompetenz. Ein gezieltes Selbstmarketing kann dabei helfen, Ihre Erfolge und Ihren Einsatz für die Belegschaft so positiv darzustellen, dass sich Ihre Akzeptanz im Unternehmen unter Umständen deutlich erhöht.

1. Ein gesundes Maß an Selbstbewusstsein ist wichtig für Sie

Grundvoraussetzung für ein überzeugendes Selbstmarketing ist ein gesundes Maß an Selbstbewusstsein. Dazu müssen Sie Ihre eigenen Stärken und Schwächen kennen und akzeptieren. Zudem sollten Sie selbstverständlich bereit sein, sich weiterzuentwickeln und daran zu arbeiten, Ihre Schwächen möglichst zu verringern.

Außerdem ist es wichtig, dass Sie erkennen, wie Sie auf andere wirken. Denn Sie sind schließlich das Zugpferd.

Selbstmarketing: Zeigen Sie, wofür Sie stehen!

2. Pflegen Sie wertschätzenden, respektvollen Umgang

Als Betriebsrat sollten Sie Ihrem Gegenüber, ob Arbeitgeber oder Kollege, stets mit dem nötigen Respekt und einer grundsätzlichen Wertschätzung begegnen. Das ist sicherlich gerade in Konfliktsituationen nicht immer einfach. Dennoch trägt ein respektvoller Umgang grundsätzlich zur Entspannung von Krisensituationen bei. Und: Wer eine Krise erfolgreich meistert und dies auch entsprechend kommuniziert, stärkt sein Ansehen im Betrieb.

3. Kommunikation ist Ihre Schlüsselqualifikation

Die richtige Kommunikation ist der Schlüssel zum Erfolg. Nutzen Sie alle Ihnen zur Verfügung stehenden Kanäle – vom persönlichen Gespräch über das Schwarze Brett bis zum Intranet –, um Ihren Kollegen und Ihrem Arbeitgeber mitzuteilen, womit Sie sich gerade beschäftigen. Stellen Sie gegenüber Ihrem Arbeitgeber vor allem dar, dass Sie bei allen Problemen auch seine Belange berücksichtigen. Eine solche Offenheit trägt dazu bei, dass Ihr Arbeitgeber sieht, wie sehr Sie sich engagieren.

> **TIPP: Authentizität zählt**
> Bleiben Sie bei Ihren Unterrichtungen auf jeden Fall authentisch. Spielen Sie weder Ihren Kollegen noch Ihrem Arbeitgeber etwas vor. Abgesehen davon, dass dieses Versteckspiel oft eine zeitraubende Angelegenheit ist, sorgt es meist auch für Schwierigkeiten. Nennen Sie stattdessen die Dinge beim Namen und sprechen Sie auch Unangenehmes offen an.

4. Sorgen Sie dafür, dass man positiv über Sie spricht

Präsentieren Sie Erfolge – möglichst mehrgleisig (siehe XII). Wählen Sie die Kanäle danach aus, wie groß der jeweilige Erfolg ist und wer davon profitiert. Zeigen Sie selbstbewusst Ihre Leistung und das Ergebnis Ihres Engagements: Das stärkt Ihr Image und Sie sorgen gleichzeitig dafür, dass sich Ihr Arbeitgeber und Ihre Kollegen positiv über Ihr Gremium äußern.

Es ist Ihre Aufgabe, dafür zu sorgen, dass Erfolge, die Sie erreicht haben, auch sichtbar gemacht werden. Nur so können Sie von Außenstehenden wahrgenommen werden.

XIV Die wichtigsten Soft Skills bei Ihrer Arbeit als Betriebsrat

Wie bei allen anderen Arbeitnehmern gilt auch für Sie: Wer neben einer hohen fachlichen Qualifikation gut mit anderen Menschen umgehen kann, hat es im Berufsalltag sehr viel leichter, erfolgreich zu sein. Diese Fähigkeiten im Umgang mit Kollegen und Vorgesetzten und das Vermögen, deren Handlungsweisen zu verstehen – die sogenannten Soft Skills –, helfen Ihnen als Betriebsrat auch und gerade, wenn Sie ein schwieriges Verhältnis zu Ihrem Arbeitgeber haben, wenn er Sie oder Gremiumskollegen ungerecht behandelt.

Menschen, die über ein hohes Maß an Soft Skills verfügen, gelten als emotional intelligent. Diese Begabung, mit den eigenen Gefühlen und denen anderer richtig umzugehen, besitzen wir alle – grundsätzlich. Bei dem einen sind sie nur mehr, bei dem anderen weniger ausgeprägt. Aber genauso, wie wir fachliche Inhalte lernen können, können wir auch unsere Fähigkeiten im Bereich der emotionalen Intelligenz noch ausbauen.

1. Was Ihr Arbeitgeber von Ihnen und Ihren Kollegen grundsätzlich erwartet

Die meisten Arbeitgeber erwarten heute, dass die Arbeitnehmer sich entsprechend der Unternehmenskultur verhalten. Außerdem gehen sie bei fast allen Mitarbeitern davon aus, dass diese sich mit ihren jeweiligen Schwächen und Stärken auseinandergesetzt haben. Das gilt selbstverständlich auch für Sie als Betriebsrat.

Manch ein Arbeitgeber setzt bei Ihnen als Betriebsrat aber ein größeres Maß an Soft Skills voraus als bei Ihren Kollegen aus der Belegschaft. Unabhängig davon, wie Ihre Beziehung zu Ihrem Arbeitgeber ist: Sie sollten im Hinblick auf Ihre eigene Zukunft Ihre emotionalen Kompetenzen reflektieren, sich mit Stärken und Schwächen auseinandersetzen und Ihre Soft Skills – wo möglich und nötig – erweitern. Das hilft Ihnen schließlich nicht nur im Amt oder im Job, sondern ganz allgemein im Zusammenleben.

2. Kommunikative Kompetenz

Unter Kommunikation ist der gegenseitige verbale, aber auch non-verbale Austausch zu verstehen, also die Nutzung von Medien wie Wort, Schrift oder Bild, aber auch Mimik, Gestik oder Haltung. Wer präzise und konsistent kommunizieren kann, ist klar im Vorteil. Je kleiner die Differenz zwischen dem ist, was Sie ausdrücken, und dem, was Sie eigentlich meinen, desto besser. Denn viele Auseinandersetzungen haben ihre Ursache darin, dass wir beispielsweise etwas anderes sagen, als wir eigentlich meinen.

Kompetenz in der Kommunikation setzt auch voraus, dass Sie imstande sind, gut zuzuhören. Sie benötigen die Fähigkeit, Ihre eigenen Gesprächsabsichten zurückzustellen und sich vollständig dem Ansinnen Ihres Gesprächspartners zu widmen. Echte Kommunikationsprofis wissen, dass ein gelungenes Feedback auch Ausdruck eines hohen Maßes an Kommunikationsfähigkeit ist.

Um richtig auf einen Gesprächspartner reagieren zu können, müssen Sie erkennen, was während des Gesprächs auf der Beziehungsebene passiert. Dazu benötigen Sie ein starkes Einfühlungsvermögen. Das setzt voraus, dass Sie gut und wertneutral zuhören.

> **TIPP: Hören Sie empathisch zu**
>
> Bereiten Sie während des Gesprächs nicht schon Ihre eigenen Antworten vor. Stellen Sie Ihre eigene Position innerlich einen Moment zurück und versuchen Sie, die Sicht Ihres Gegenübers zu verstehen. Dass Sie Ihrem Gesprächspartner empathisch zuhören, zeigen Sie ihm am besten durch eine offene, zugewandte Sitzhaltung und eine freundliche Mimik. So signalisieren Sie in allen Gesprächen Offenheit, Wertschätzung und Einfühlungsvermögen.

3. Selbstbewusstsein und Selbstbeherrschung

Ein gesundes Selbstbewusstsein ist, im Zusammenspiel mit der Selbstbeherrschung, im Arbeitsalltag wichtig – für eine gelungene Kommunikation, eine gute Zusammenarbeit und ein gutes Zusammenleben. Selbstbewusst kann man nur agieren, wenn man seine Grenzen, aber auch seine Fähigkeiten kennt. Denn nur, wer sich seiner Stärken und Schwächen bewusst ist, kann diese gezielt einsetzen. Mit einem gesunden Selbstbewusstsein werden im Arbeitsalltag eine gewisse Durchsetzungsfähigkeit und Konfliktstärke verbunden, genauso wie eine klare Orientierung.

Die Entwicklung des Selbstbewusstseins ist ein Prozess. Dieser beginnt in der frühen Kindheit. Der Prozess des Selbstbewusstwerdens hört aber in Ihrem gesamten Leben nicht auf, wenn Sie sich gezielt darum kümmern. Ziehen Sie einmal Bilanz und setzen Sie sich im Anschluss Ziele. Reflektieren Sie, wo Sie jetzt stehen und was Sie daraus für die Zukunft ableiten.

> **TIPP: Auf Stärken besinnen**
>
> Besinnen Sie sich bei solchen Überlegungen immer auch auf Ihre Stärken. Überlegen Sie, wie Sie Ihre Begabungen gut in Ihre Aufgaben als Betriebsrat einbringen können.

Selbstbeherrschung als Regulativ des Selbstbewusstseins ist in emotional aufgeladenen Situationen entscheidend. Im Berufsalltag werden Sie immer wieder in Konflikte hineingezogen, in Auseinandersetzungen verwickelt und in unerfreuliche Diskussionen verstrickt. Es wird Konstellationen geben, in denen Sie Ihrer Wut oder Ihrem Ärger freien Lauf lassen möchten – dies jedoch keinesfalls sollten. Denn ein selbstbeherrschtes Auftreten ist im beruflichen Bereich unabdingbar.

Klären Sie für sich anhand der folgenden drei Fragen, wie selbstbeherrscht Sie sind:

- Zeigen Sie öfter überzogene Gefühlsreaktionen?

- Verbeißen Sie sich in Argumente und können schlecht lockerlassen?

- Reagieren Sie hin und wieder aggressiv?

Wenn Sie alle drei Fragen mit „Ja" beantworten, deutet das darauf hin, dass Sie noch an Ihrer Selbstbeherrschung arbeiten müssen.

4. Empathie kann verbessert werden

Empathie bezeichnet die Fähigkeit und Bereitschaft, andere Menschen zu verstehen und sich in sie hineinzuversetzen. Auch diese Fähigkeit ist unabdingbar, wenn wir in einer Gemeinschaft mit anderen Menschen arbeiten und leben. Empathie kann gelernt und weiterentwickelt werden.

Da es schwierig ist, sein eigenes Einfühlungsvermögen zu beurteilen, fordern Sie am besten das Feedback eines Kollegen ein, dem Sie vertrauen. Sollte dieser Ihre Empathie nicht so positiv beurteilen, wie Sie sich das wünschen, achten Sie verstärkt darauf, dass Sie sich in Ihre Gesprächspartner hineinversetzen und deren Sicht der Dinge berücksichtigen.

5. Ohne Teamfähigkeit geht es nicht

Teamfähigkeit ist heute an den allermeisten Arbeitsplätzen eine Grundvoraussetzung. Teamfähig sein heißt, mit anderen erfolgreich zusammenzuarbeiten. Dazu müssen Sie Ihre Rolle in den jeweiligen Teams erkennen und sich erwartungsgemäß verhalten.

Sie sollten durchaus eigene Ideen entwickeln – dabei aber nie das Gesamtziel des Teams gefährden.

6. Sachliche Kritik konstruktiv annehmen

Niemand hört gern Kritik. Das ist nachvollziehbar, hilft Ihnen aber nicht im Hinblick auf die Weiterentwicklung Ihrer für das heutige Berufsleben so wichtigen Soft Skills.

Sind Sie in der Lage, sachliche Kritik anzunehmen und konstruktiv zu verarbeiten, also die daraus resultierenden Impulse zu reflektieren und bei passenden Gelegenheiten umzusetzen, werden Sie sicher Ihre Fähigkeiten und Ihr Standing verbessern.

> **TIPP: Äußern Sie Kritik mit Bedacht**
> Wann immer Sie Kritik üben müssen oder wollen, versetzen Sie sich in die Lage der Person, die Sie ansprechen. Überlegen Sie sich, wie Sie Ihre Kritik wertschätzend äußern. Zudem sollten Sie immer das genaue Ziel vor Augen haben. Denn nur dann, wenn die betroffene Person das Gefühl hat, dass Sie ein ehrliches Feedback erteilen, um sie zu unterstützen, ist die Kritik letztlich auch zielführend und konstruktiv.

7. Analytische Kompetenz

Auch die Fähigkeit, Sachverhalte richtig zu erfassen – also zuzuordnen, welche Aspekte zu welchem Thema gehören, wesentliche Informationen zu priorisieren und am Ende umsetzbare, tragbare Lösungen zu finden –, ist wichtig. Diese Begabung sollte allerdings immer mit einer guten Kommunikationsfähigkeit Hand in Hand gehen, denn die fachlich beste Lösung wird nicht so wertgeschätzt, wenn sie im falschen Ton übermittelt wird.

8. Vertrauen

Vertrauen ist im Betriebsalltag unabdingbar. Ohne Vertrauen können Sie niemanden überzeugen. Eine vertrauensvolle Bindung entsteht auf Basis bestimmter Grundwerte wie Sicherheit, Ehrlichkeit, Offenheit, Toleranz und Würde. Vertrauen können Sie deshalb nur aufbauen, wenn Sie diese Eigenschaften und Werte leben und im Miteinander berücksichtigen. Dann ist auch die im BetrVG niedergelegte vertrauensvolle Zusammenarbeit zwischen Ihnen als Betriebsrat und Ihrem Arbeitgeber möglich.

XV Erfolgreich im Amt: Diese Eigenschaften machen Sie zu einem guten Betriebsrat

Die Frage ist nicht wirklich neu: Was macht eigentlich einen guten Betriebsrat aus? Das haben Sie sich bestimmt auch schon einmal gefragt. Im Allgemeinen können Sie als Betriebsrat sich häufig gute Führungskräfte zum Vorbild nehmen. Denn deren wichtigste Führungsqualitäten sind auch sehr wichtig für ein gutes Funktionieren des Betriebsrats.

1. Ihre Leitsterne sind visionäre Ziele

Als Betriebsrat ist es Ihre Aufgabe, die Rechte und Anliegen Ihrer Kollegen aus der Belegschaft gut zu vertreten. Sie sollten versuchen, moderne, bewährte Arbeitskonzepte zu unterstützen oder sogar einzuführen. Das erfordert eine ständige Änderungs- und Anpassungsbereitschaft. Regelmäßig werden Sie sich fragen müssen, ob Vorgehen geändert oder Neuerungen eingeführt werden sollen. Schließlich ändern sich die Rahmenbedingungen immer schneller.

Als Betriebsratsvorsitzender müssen Sie hierbei häufig zunächst Ihre Kollegen aus dem Gremium und später unter Umständen Ihren Arbeitgeber oder auch Ihre Kollegen aus der Belegschaft motivieren. Das funktioniert nicht, wenn Sie das Betriebsratsgremium nur verwalten. Es ist vielmehr Ihre Aufgabe, zu gestalten.

Als Betriebsrat sollten Sie daher klare Ziele und Visionen haben. Sie sollten wissen, was Sie erreichen wollen. Zudem sollten Sie als Betriebsratsvorsitzender wissen, was Sie als Mensch antreibt und was auch für Ihre Mitstreiter motivierend sein kann.

2. Übernehmen Sie Verantwortung

Als Betriebsrat müssen Sie bereit und in der Lage sein, Verantwortung zu übernehmen. Zeigen Sie diesen Charakterzug gegenüber Ihren Kollegen aus der Belegschaft und Ihrem Arbeitgeber.

3. Kommunizieren Sie souverän

Ein Betriebsrat muss souverän kommunizieren. Eine gute und zu jedem Zeitpunkt und jedem Gegenüber angemessene Kommunikation ist das A und O Ihres Betriebsratsalltags.

Sie müssen ständig beweisen, dass Sie die Fähigkeit besitzen, Ihre Ideen und Anweisungen auf verständliche Weise mitzuteilen. Nur so erreichen Sie einen partnerschaftlichen Dialog zwischen Ihnen und den Angehörigen der Belegschaft sowie zwischen Ihnen und Ihrem Arbeitgeber.

Achten Sie als Betriebsratsvorsitzender zudem darauf, dass Sie sich als Gremium regelmäßig zusammensetzen. Denn auch eine gute kommunikative Atmosphäre im Gremium ist wichtig. Ihre Betriebsratsmitglieder sollten jederzeit die Möglichkeit haben, Wünsche und Kritik zu äußern. So zeigen Sie ihnen Wertschätzung. Das ist wichtig.

4. Hören Sie gut zu

Als Betriebsrat sind Sie das Sprachrohr der Arbeitnehmerseite. Deshalb sollten Sie stets die wichtigsten Anliegen Ihrer Kollegen kennen –und möglichst auch wissen, wo es besonders gut läuft. Schließlich ist es für das Verhältnis zwischen Ihrem Arbeitgeber und Ihren Kollegen und zwischen Ihnen und Ihrem Arbeitgeber auch wichtig, dass dieser von den positiven Entwicklungen erfährt.

Erfolgreich im Amt: Diese Eigenschaften machen Sie zu einem guten Betriebsrat

Denn solche Erfahrungen motivieren wiederum Ihren Arbeitgeber. Damit Sie die Belange Ihrer Kollegen gut erfassen, ist es wichtig, ihnen gut zuhören. Haben Sie immer ein offenes Ohr für die Anliegen, die von den Arbeitnehmern an Sie herangetragen werden.

5. Seien Sie fair

Als guter Betriebsrat zeichnen Sie sich durch ein stets faires und empathisches Verhalten aus. Das Wichtigste für Sie ist, den Arbeitsalltag der Kollegen konstruktiv verbessern zu wollen. Dafür müssen Sie für Ihren Arbeitgeber und Ihre Kollegen einschätzbar sein. Das sind Sie, wenn Sie bei allen Punkten und in allen Angelegenheiten, die Sie vorantreiben, überzeugend, nachvollziehbar und ausgewogen argumentieren.

6. Selbsttest: Sind Sie ein guter Betriebsrat?

Mit dem folgenden Selbsttest können Sie feststellen, ob Sie bereits ein guter Betriebsrat sind und wo Sie sich noch verbessern können, wenn es in einem Punkt noch hapern sollte. Beantworten Sie die folgenden Fragen selbstkritisch.

Sind Sie ein qualifizierter Betriebsrat?	
Testfragen:	Check
Machen Sie stets Ihre Ansicht / Ihren Standpunkt deutlich?	❏
Sind Sie im ständigen Gespräch mit Ihren Kollegen aus der Belegschaft und Ihrem Arbeitgeber? Achtung: Voraussetzung ist, dass Sie sich regelmäßig mit Ihren Kollegen aus dem Gremium austauschen.	❏
Sind Sie neuen Ideen gegenüber stets offen?	❏

Selbsttest: Sind Sie ein guter Betriebsrat?

Sind Sie ein qualifizierter Betriebsrat?	
Testfragen:	**Check**
Sind Sie bereit, sich stets weiterzubilden und neue Dinge zu lernen?	❏
Treten Sie authentisch und souverän auf?	❏
Sind Sie für Ihre Kollegen und Ihren Arbeitgeber einschätzbar? Verhalten Sie sich konsequent und fair?	❏

Können Sie all diese Fragen mit „Ja" beantworten, spricht einiges dafür, dass Sie ein guter Betriebsrat sind.

XVI Fazit

Betriebsratsarbeit ist so vielgestaltig wie das gesamte Leben. Trotz des verbrieften Rechts auf vertrauensvolle Zusammenarbeit haben Sie als Betriebsrat mit vielen Vorurteilen zu kämpfen und sich oft gegen die Schikanen von Arbeitgeberseite zu wehren. Dabei kann es nur ein Motto geben:

Zeigen Sie Haltung, ohne kompromisslos zu sein, und seien Sie mutig.

Lassen Sie sich auch von bösartigen Anfeindungen Ihres Arbeitgebers oder einiger Kollegen nicht aus der Ruhe bringen oder unter Druck setzen. Agieren Sie stattdessen lieber im Sinne des alten Griechen Sokrates, der Menschen nicht nur überzeugen, sondern ihnen angeblich durch geschicktes Fragen und volles Hinterfragen ihrer Position zur rechten Haltung verhelfen wollte.

Gehen Sie deshalb auch in schwierigen und manchmal aussichtslosen Situationen auf Ihren Arbeitgeber zu. Selbst wenn Sie absolut im Recht sind: Setzen Sie auf eine konstruktive Kooperation.

Sie werden nicht zum Ziel kommen, wenn Sie sich darauf beschränken, die Fehler Ihres Arbeitgebers in epischer Breite zu diskutieren. Versuchen Sie stattdessen, die Gesprächsbereitschaft zu verbessern, indem Sie aktiv auf ihn zugehen.